Venezuela

Venezuela

Su destrucción y su eventual recuperación

Guillermo Capriles-Meaño

Número de Control de la Biblioteca del Congreso de EE. UU.:		2022918365
ISBN:	Tapa Blanda	978-1-5065-4879-1
	Libro Electrónico	978-1-5065-4880-7

Información de la imprenta disponible en la última página.

Corrección y diagramación:
Josefina Capriles

Diseño de Portada:
María Gabriela Capriles

Fecha de revisión: 21/11/2022

Para realizar pedidos de este libro, contacte con:
Palibrio
1663 Liberty Drive, Suite 200
Bloomington, IN 47403
Gratis desde EE. UU. al 877.407.5847
Gratis desde México al 01.800.288.2243
Gratis desde España al 900.866.949
Desde otro país al +1.812.671.9757
Fax: 01.812.355.1576
ventas@palibrio.com
847437

IMPUNIDAD

La impunidad en una de las causas más importantes
de la desgracia de los pueblos latinoamericanos.

LA RAZÓN

Todo el mundo tiene parte de la razón, en mayor o menor grado.
La razón nunca está de un solo lado.
La razón es compartida.
Hay que oír siempre a la otra persona, analizar bien
su punto de vista para luego dar una opinión.
Nadie es dueño de la razón.
Uno de los grandes males de la humanidad, es que personas, al
creer que son dueños de la razón, cometen grandes atropellos.

Guillermo Capriles-Meaño

Índice

Prólogo

El inaudito mito de Chávez pareciera ser una especie de confabulación en contra de Venezuela.

Elecciones en 1998

Antes de las elecciones de 1998, donde Hugo Chávez ganó, el sentimiento venezolano pedía a gritos un cambio en la ley electoral, para que se estableciera una segunda vuelta electoral, pero esto nunca sucedió porque no le convenía a los partidos del estatus.

La población de Venezuela en 1998 era de 23.410.158.

Los habitantes inscritos eran 11.013.020.

Los votantes fueron 6.988.291.

La abstención fue de: 4.024.729.

Los votos válidos fueron 6.537.304 y 450.987 votos nulos.

La participación fue de un 63,45 por ciento, con una abstención del 36,55 por ciento.

Hugo Chávez sacó 3.673.685 votos o sea el 56,20% de los votos válidos, *que equivalen al 33,357% de la población electoral* y Salas Römer sacó 2.613.161 votos 39,97%, *equivalentes al 23,73% de la población electoral.*

Es absolutamente improbable que de haber habido una segunda vuelta hubiera ganado Hugo Chávez.

Saquen ustedes los números.

En adición a esto, como explico más adelante, no era un voto por Chávez, fue un voto castigo, el electorado estaba obstinado de los dos partidos y votaba en contra de ellos, tanto es así que Irene Sáez llegó a capturar el 70% de la intención de votos, el doble de lo que sacó Chávez.

Lamentablemente, Irene Sáez se asoció con "Copei" y luego aceptó el apoyo de la "Causa R", con lo que perdió todo el prestigio cayendo al 3% del electorado y estos votos fueron capitalizados por Hugo Chávez.

A última hora había un empate técnico entre Salas Römer y Hugo Chávez.

La directiva de Acción Democrática, para anotarse con el ganador, dió la orden a su militancia de votar por Salas Römer. Esta, irritada, bajo el lema de que *"Nuestros votos no se transfieren"*, votó en masa por Hugo Chávez, sin pensar lo que estaba haciendo y terminó dándole un triunfo que no tenía, que no se merecía y que nos llevaría a la tragedia que actualmente sufre Venezuela.

Si hubiera habido una segunda vuelta electoral, definitivamente Chávez no hubiera llegado a la presidencia.

De todas maneras, Chávez, o sea, el Movimiento 5ta. República, no solamente **NO** ganó el Congreso Nacional, sino que **NO** obtuvo representación en ninguna de las dos cámaras.

Los resultados que aparecen en las en los registros cuando empecé escribir este libro, son los que describo en los cuadros a continuación.

Estos han sido alterados por el gobierno y lo que aparecen hoy en día, en los registros son otros.

Resultados de las elecciones de 1998:

Partido	Votos	% votos	Diputados	+/-	Senadores	+/-
Proyecto Venezuela	1.189.843	21.04	38	+38	17	+17
Acción Democrática	990.154	17.51	37	-11	19	-3
Movimiento al Socialismo	901.859	15.95	30	-1	12	+6
Copei	900.784	13.53	27	-22	7	-12
La Causa Radical	704.927	12.46	22	-12	4	-7
Movimiento de Integridad Nacional	413.854	7.31	9	+5	0	N/A
Partido Comunista de Venezuela	230.853	4.08	9	+3	1	+1
Unión Republicana Democrática	78.948	1.39	3	-1	0	N/A
Organización Renovadora Auténtica	67.082	1.18	2	+1	0	N/A
Movimiento Electoral del Pueblo	46.845	0.82	2	+2	0	N/A
Opinión Nacional	27.874	0.49	1	+2	0	N/A
Otros partidos	100.948	1.78	0	-2	0	N/A
Total	5.653.971	100	180		60	

El **Congreso** quedó conformado así:

Partido	Diputados	Senado
Proyecto Venezuela	38	17
Acción democrática	37	19
Movimiento al socialismo	30	12
Copei	27	7
La causa R	22	4
Movimiento de Integridad Nacional	9	0
Partido Comunista de Venezuela	9	1
Unión republicana Democrática	3	0
Organización Renovadora Auténtica	2	0
Movimiento Electoral del Pueblo	2	0
Opinión Nacional	1	0
Otros partidos	0	0
Total	180	60

Sin embargo, cuando Chávez propuso su Asamblea Constituyente a este mismo congreso, éste la aprobó. Y más grave aún; una vez aprobada esta barbaridad, la oposición no envió candidatos a la misma, quedando ésta constituida por puros chavistas y unos pocos independientes.

¡Esto es incomprensible!

Prefacio

Venezuela en el siglo XIX, era un país agrícola y pecuario.

Después de 1830, en el que se hizo la primera constitución de Venezuela, el país estuvo gobernado democrática y pacíficamente hasta el año 1854, cuando llegaron los Monagas y se turnaron el poder. Esto se llamó la dinastía Monagas.

De ahí en adelante el país estuvo convulsionado con toda clase de guerras civiles y dictaduras, un despilfarro y una mala administración que lo llevó a la ruina hasta el punto de que Venezuela fue invadida por Alemania, Francia e Italia en 1902, para cobrar deudas pendientes con el gobierno nacional.

Afortunadamente intervino Estados Unidos aplicando la "Doctrina Monroe", América para los americanos, y les dijo que si tocaban a Venezuela se las verían con ellos, con lo que los obligaron a firmar un pacto y un arreglo para pagar la deuda.

Venezuela entregó todas las aduanas y estas fueron administradas por los acreedores, hasta tanto se cobraran lo que les debían.

En 1908 el General Gómez se encargó del poder, estableciendo una férrea dictadura de 27 años, pero estableció el orden y un saneamiento de la administración y la hacienda.

A principios del siglo XX, empezó a desarrollarse la industria petrolera en el mundo.

Es importante destacar el desarrollo de la industria petrolera, pues ésta al final se convirtió en una daga mortal para Venezuela.

Si bien es cierto que el petróleo venezolano es un petróleo pesado difícil y costoso de procesar, también es muy cierto, que está a muy poca profundidad fácil y económico de extraer.

Venezuela tiene 300.000 Millones de barriles de petróleo de reserva, una de las más grandes del mundo.

A principios de siglo empezaron los dueños privados de las tierras a dar concesiones petroleras en sus propiedades, hasta que el General Gómez en 1913 declaró que *"EL SUBSUELO ES DEL ESTADO"* (aunque Lenin todavía no había sembrado su comunismo en Rusia); expropió el subsuelo y se apoderó de todos los puntos de extracción de petróleo, sin indemnizar a los dueños de las concesiones y llevando a la quiebra a un sin número de venezolanos. Ellos eran personas honestas y de palabra y tuvieron que vender todo para pagarle a los acreedores, quedando en la ruina.

Muchos venezolanos piensan que ésto fue muy positivo, a pesar del atropello, pero yo me pregunto: ¿Cuál era el objeto de esto si más del 90% de las tierras eran baldías o pertenecían a la nación y representaban la mayor parte del territorio nacional donde podían dar concesiones petroleras en esas áreas?

¿Cuál era entonces la necesidad de expropiar las concesiones existentes?

El gobierno y los privados hubiesen podido seguir extrayendo el preciado mineral y dando concesiones en sus terrenos.

Hubiese habido una libre y sana competencia entre el estado y los particulares, viéndose el estado precisado a tomar decisiones comerciales y no políticas.

Con esto se creó el primer monopolio estatal poderoso, que luego conllevaría al gigantesco poder del gobierno sobre los venezolanos y la nación.

Esto es muy importante en la historia de Venezuela, pues cambió toda la forma de ser del país. El Gobierno Nacional pasó a ser todopoderoso y todos los venezolanos a depender de él y no como sucede en la mayoría de los países libres donde normalmente los gobiernos viven de lo que produce el pueblo. Esto ayudó para que Venezuela, la mayor parte de su historia, haya estado gobernada por regímenes dictatoriales.

Con ayuda del desarrollo del petróleo, Venezuela pudo cancelar la deuda externa nacional el 17 de diciembre de 1930, en el centenario de la muerte de Bolívar, haciendo un juramento ante todos los venezolanos: Más nunca volvería a pedir prestado, ni endeudarse. Esto perduró hasta 1959, después de la caída de Pérez Jiménez en 1958 cuando empezó un desorden espantoso, un despilfarro descomunal y comenzó el endeudamiento y el éxodo de capitales.

Al fallecimiento del general Gómez en 1935, le sucedió el General Eleazar López Contreras, quien inició un sistema de libertades políticas, de prensa, etc. Redujo el período presidencial de siete a cinco años comenzando por el de él. Así el país se enrumbó en un sistema democrático, haciendo elecciones en 1940, las cuales ganó Isaías Medina Angarita, quien continuó con el progreso, el sistema de libertades, etc. con lo cual podríamos considerar que estos dos períodos fueron democráticos.

Para 1958, Venezuela se abastecía agrícola y pecuariamente y además de petróleo, también exportaba muchos de sus insumos.

Venezuela era el primer productor de petróleo del mundo. En 1958 se producían 2.596.763 barriles de petróleo mientras que Arabia Saudita producía 1,5 millones. Ahora se produce en este país 650.000 barriles mientras que Arabia Saudita genera 12 millones de barriles.

Hugo Chávez y Nicolás Maduro le dieron la estocada final a la destrucción del país, pero no solamente fueron ellos. La destrucción del país comenzó con los gobiernos de Rómulo Betancourt, Wolfang Larrazábal, Rómulo Betancourt otra vez, Carlos Andrés Pérez, Luis Herrera Campins, Rafael Caldera y Jaime Lusinchi (intencionalmente omití al doctor Raúl Leoni).

Se habla mucho de la democracia desde 1959 hasta 1998, pero durante este período estuvieron suspendidas las garantías constitucionales todo el tiempo.

Asimismo, se inventaron las trampas en los resultados electorales. En las elecciones de 1963 le hicieron toda clase de trampas a Arturo Uslar Pietri. El partido Acción Democrática no quería entregar el poder cuando perdió las elecciones contra Rafael Caldera en 1968 y fue Raúl Leoni, pasando por encima del partido, quien entregó el mandato por petición de su esposa doña Menca de Leoni.

En estas elecciones de 1968, se desconoció el triunfo de Marcos Pérez Jiménez como Primer Senador de la República, con 400.000 votos. Luego se le inhabilitó para que no pudiera competir más en las elecciones venideras, las cuales ganaría fácilmente.

En 1973, Renny Ottolina, quien hubiese ganado ampliamente las siguientes elecciones presidenciales, fue asesinado vilmente por la policía política del gobierno de Carlos Andrés Perez, conocida como "Los Gatos".

Durante este período se hicieron toda clase de atropellos, persecuciones políticas, exilados, etc. En el alzamiento que hubo en contra del gobierno en la ciudad de Barcelona fueron aniquilados por la espalda los vencidos.

En esta época hubo toda clase de expropiaciones y ataques a la propiedad privada.

Primera Etapa De La Destrucción De Venezuela

El 18 de octubre de 1945 el gobierno legítimo de Isaías Medina Angarita fue derrocado y sustituído por una Junta Cívico-Militar presidida por Rómulo Betancourt. Se iniciaron los períodos dictatoriales que han durado hasta la presente fecha.

El general Medina Angarita era militar, pero no militarista. De hecho, en uno de sus proyectos, pensaba eliminar al ejército. Este hecho trajo un gran malestar y descontento entre los militares de carrera que se encontraron con la ambición desmedida de Rómulo Betancourt y su partido Acción Democrática, que querían llegar al poder a como diera lugar y se confabularon para dar el fatídico golpe de estado cívico-militar, un revés mortal a la joven democracia que se estaba consolidando, generando así una nueva era de distintas facetas de dictaduras. El *Dr. Rafael Caldera* fue nombrado Procurador General de la Nación.

Esa "Junta Cívico Militar" presidida por *Rómulo Betancourt*, que duró desde octubre 1945 a diciembre 1947, empezó a gobernar por decreto e hizo un gobierno populista de ultraizquierda, al mejor estilo comunista.

Empezó, también al buen estilo *comunista*, por convocar una *Asamblea Constituyente* que cambió todo el sistema, concentrando todo el poder en el ejecutivo y eliminando el poder que tenían las juntas comunales y las Asambleas Legislativas de los Estados.

Se sustituyó el sistema de elección presidencial voto por el directo, universal y secreto. En adición, el presidente nombraría los gobernadores, concentrando así todo el poder en el ejecutivo.

Antes: los votantes elegían a los diputados de *las Asambleas Legislativas de sus Estados y a sus concejales.* Los d*iputados* de las Asambleas Legislativas elegían a los *senadores* y los *concejales* a la *Cámara de Diputados.* Estos dos grupos unidos constituían el *Congreso Nacional.* Este Congreso en conjunto elegía *al Presidente de los "Estados Unidos de Venezuela".*

Si analizamos esto imparcialmente, veremos que ese sistema se adecúa mejor al electorado, pues los ciudadanos eligen a los representantes de sus estados, pueblos y ciudades, a quienes conocen y no elige al que grita más bonito en una plaza o por la televisión.

Una de las primeras acciones de esta *"Junta Revolucionaria de Gobierno"* fue la de reorganizar la *"Seguridad Nacional",* que había sido creada el 4 agosto de 1938. Cambiaron la esencia de la institución y comenzó a ser utilizada para ejercer una fuerte represión política contra la oposición. En esta época, empezaron las persecuciones y los encarcelamientos en contra de toda la disidencia política.

El gobierno les subió el impuesto a las petroleras al 50%, lo cual le dio una gran cantidad de efectivo para hacer toda clase de disparates y un despilfarro descomunal populista.

Crearon una reforma agraria que acabó con el campo, expropiaron todas las haciendas, las fincas, granjas etc. transformando un país agrícola y pecuario a uno importador, la carne venía de Argentina.

Hicieron una reforma inmobiliaria y una ley de alquileres, las cuales exterminaron la construcción. En un mitin en la plaza de El Silencio, Rómulo Betancourt declaró abiertamente: *"No más colmenas de hormigón armado".*

Se dictaron cualquier cantidad de insensatos decretos, como el Nº. 321, en el que *le declaraba la guerra a muerte a la educación privada.* Los estudiantes se lanzaron a las calles a protestar, perdiendo el año escolar, hasta que fue modificado el decreto.

Arremetieron contra la Iglesia; Brigadas del Ministerio de Sanidad iban a los colegios privados, retiraban a los niños y los llevaban en autobuses del Ministerio de Sanidad, a unos extraños centros de salud, con la excusa de examinarlos. Una manera más de intimidar a la educación privada.

Lanzaron unas brigadas de inspección del "Impuesto Sobre la Renta", recién creado, para revisar las contabilidades de los comerciantes e industriales honestos.

Los adecos organizaron grandes manifestaciones del también llamado *"Partido de la Alpargata"* para consolidar su populismo.

En 1948, hubo elecciones libres las cuales ganó *Rómulo Gallegos*, un célebre escritor venezolano apoyado por el partido Acción Democrática (AD), *pero, por debajo de la manga, siguió mandando Rómulo Betancourt, con el mismo desastre.*

¿En qué se diferencia todo esto a lo hecho por Hugo Chávez?

Breve Lapso De Progreso Nacional

En 1948, el alto mando militar, presidido por *Carlos Delgado Chalbaud,* se reunió con Rómulo Gallegos para pedirle que se alejara de Betancourt, *a lo que él se negó rotundamente.*

El ejército le insistió repetidamente este pedido, manifestándole que de lo contrario se verían obligados a deponerlo. Gallegos contestó que, si lo querían hacer entonces que lo hicieran, pero que él no quitaría a Betancourt del medio.

Y así fue, el 24 noviembre 1948, Gallegos fue derrocado por un golpe militar encabezado por Carlos Delgado Chalbaud, Marcos Pérez Jiménez y Luis Felipe Llovera Páez.

La nueva Junta Militar de Gobierno presidida por Delgado Chalbaud, empezó por poner orden. Envió al ejército a los barrios a retirar gran cantidad de armas que habían sido suministradas por el gobierno de Rómulo Betancourt. El pueblo espontáneamente las entregó.

Las calles de Caracas se hallaban, en ese entonces, llenas de huecos por todas partes y eran intransitables. El gobierno contrató martillos hidráulicos y concreteras y en muy poco tiempo se taparon todos los huecos, labor que los adecos habían declarado que era imposible.

Se inició entonces un período de progreso, planificación, tranquilidad y desarrollo económico. Se planificó y se construyeron mejores vías de comunicación y toda clase de avenidas y autopistas, como la de Caracas-La Guaira, además de grandes obras, tales como la Universidad Central de Venezuela, mejores hospitales y colegios, etc.

El 13 noviembre de 1950, Carlos Delgado Chalbaud fue secuestrado y asesinado. Se constituyó una nueva Junta de Gobierno, presidida por el civil Germán Suárez Flamerich junto a Marcos Pérez Jiménez y Luis Felipe Llovera Páez, quienes gobernaron hasta 1952.

La Junta decidió hacer elecciones en 1952, por supuesto sin la participación del partido Acción Democrática, ni del comunista, que habían sido inhabilitados.

Marcos Pérez Jiménez, candidato por el Frente Electoral Independiente, FEI, confiado en su victoria dada la gran acogida que tenía donde quiera que fuera, nombró a la gente más honorable de Caracas para supervisar las elecciones, entre ellos al Doctor Vicente Grisanti, miembro de la Junta Electoral.

Las elecciones las ganó Jóvito Villalba, quien era el candidato de Unión Republicana Democrática (URD) y estaba apoyado por adecos y comunistas. Jóvito ganó con una gran ventaja y cuando se empezaron a dar los resultados el gobierno se dio cuenta que tenía perdidas las elecciones.

Ante esta realidad, le pidieron al Doctor Grisanti que cambiara los resultados y él, con mucha serenidad, les contestó que podía renunciar pero que no haría lo que le pedían. El gobierno decidió entonces que terminarían de contar para saber dónde estaban parado, pero dio orden de no transmitir más resultados y que solo se los entregaran a ellos.

Jóvito Villalba salió huyendo y se asiló en la Embajada de República Dominicana ante el asombro del embajador de ese país, quien le preguntó al verle:

¿Qué hace usted aquí si está ganando las elecciones?

A lo que Jóvito respondió:

-Ud. no sabe nada de esto... "Romulón me metió en este lío"...

Poco después, con un cheque en el bolsillo, salió de viaje.

Así, el doctor Vicente Grisanti entregó los resultados con un 70% a favor de Jóvito Villalba, acompañados de su renuncia.

A los gobernantes se les presentó la gran disyuntiva de retornar al desastre con Jóvito Villalba a la cabeza y por detrás Rómulo Betancourt nuevamente, por lo cual decidieron cambiar los resultados y proclamar a *Marcos Pérez Jiménez* ganador de los comicios y nombrarlo Presidente Constitucional de la República hasta 1957

Se inició entonces un período de transformación del medio físico, propiciando un progreso descomunal, orden y disciplina que hoy muchos recuerdan y anhelan. Promovió la inmigración europea, principalmente española, italiana y portuguesa.

Además, impulsó un ambicioso programa de infraestructura, construyendo toda clase de obras públicas, como hospitales, avenidas, colegios, liceos, universidades, carreteras, autopistas, hoteles, viviendas obreras, incluyendo la magna obra del Conjunto Residencial "2 DE DICIEMBRE", cuyo nombre sería irónicamente cambiado después por el de "23 DE ENERO".

En 1954, Pérez Jiménez recibió la "Legión of Merit", la más alta condecoración otorgada a personalidades extranjeras en los Estados Unidos.

En 1955, la revista Times de Nueva York, en un artículo describió a la economía venezolana como **"LA MÁS SÓLIDA DEL MUNDO"**.

Los militares se reunieron con Pérez Jiménez y le pidieron un aumento de sueldo y más prestaciones, a lo cual éste les contestó que ya estaban bien pagados y gozaban de muy buenos beneficios y que él no podía crear una secta privilegiada formada por los militares.

En mayo de 1957, se reunió el alto mando militar con Pérez Jiménez para hablar sobre la sucesión del gobierno que terminaba en diciembre de ese año. Plantearon hacer nuevas elecciones libres, las cuales, con la popularidad que tenía el régimen, estaban seguros de que ganarían. El presunto candidato del ejército sería el General *Oscar Mazzei Carta* quien, para esos momentos, era ministro de la Defensa.

Pérez Jiménez respondió: "¿Y si perdemos?" Le manifestaron que volvería a hacer lo mismo de volver a cambiar los resultados.

Pérez Jiménez les respondió enfáticamente ¡*No, otra vez no!* Y decidió no tomar el riesgo y hacer un plebiscito para que el pueblo dijera si le daban cinco años más, lo cual lamentablemente cayó muy mal en toda la población venezolana. Les sobró razón a los militares.

En agosto de ese año se celebraron los Juegos Panamericanos en Caracas. Pérez Jiménez fue a la inauguración lanzando la primera pelota de béisbol y el estadio se vino abajo con una gran ovación, aplaudiéndolo, dándole toda clase de vivas, (*Yo estaba ahí presente*) .

En el interín, entre la inauguración y la clausura de los juegos, Pérez Jiménez anunció el plebiscito y cuando acudió a la clausura de los Juegos Panamericanos en su tribuna presidencial, el pueblo ofendido y desilusionado por el plebiscito, empezó a chiflarlo, apabullándolo de tal manera que él tuvo que retirarse del estadio.

El 21 de noviembre se alzaron los estudiantes en contra del plebiscito. La manifestación fue reprimida por la Seguridad Nacional, cerrando la Universidad Central de Venezuela.

Los militares decidieron dejar correr el plebiscito para ver qué pasaba y éste terminó realizándose en diciembre de 1957. Pérez Jiménez perdió con margen de 70/30 y nuevamente cambió los resultados, proclamándose electo por cinco años más.

El primero de enero de 1958, los militares encabezados por el *General Hugo Trejo*, dieron un golpe de estado, pero la situación fue controlada por Pérez Jiménez. A este intento de golpe le siguieron varios levantamientos militares, algunos encabezados por el *General Castro León*, los cuales fueron también controlados por el gobierno.

La mayoría del ejército estaba en contra del régimen. Cada Ministro de Defensa que nombraba se le volteaba, llegando al punto que, poco antes del 23 de enero, Pérez Jiménez nombró un nuevo gabinete, reservándose para él, el Ministerio de la Defensa.

Nombró al doctor Fernández Morán, un conocido científico del Instituto Venezolano de Investigaciones Científicas (IVIC), inventor del Bisturí Electrónico, como Ministro de Educación. El célebre investigador duró solo un día en el cargo y esto le valió para ganarse el exilio para toda su vida.

Es inconcebible cómo se mantuvo Pérez Jiménez íngrimo en el poder durante esos últimos 23 días.

El 23 enero hubo una gran manifestación cívica contra el gobierno. Pérez Jiménez, en vez de reunirse con el alto mando militar y llegar a un acuerdo para dejar a alguien encargado de la presidencia que fuera respetado por el ejército y que convocara elecciones, decidió delegar la presidencia e irse por el aeropuerto de La Carlota a Santo Domingo.

Por supuesto, el que quedó encargado, no fue respetado por los militares y empezó una larga y extenuante discusión para nombrar un sucesor. Pero como no lograron llegar a un acuerdo, por descarte nombraron a *Wolfgang Larrazábal*, quien era el militar de más alto rango, aunque no había desempeñado ningún papel importante en el gobierno, simplemente era el encargado del "Círculo Militar". Un bueno para nada.

Segunda Etapa De La Destrucción De Venezuela

Larrazábal empezó con "buen pie", nombrando en la Junta de Gobierno a personas muy competentes en el campo industrial y comercial de Venezuela, tales como *Eugenio Mendoza y Blas Lamberti*. Como suele suceder cuando la cabeza no funciona, nada funciona y se cometieron cualquier cantidad de desaciertos. Es inconcebible que personas tan exitosas en el campo industrial, se hayan dejado llevar por las locuras de Larrazábal.

En ese entonces, el gobierno empezó por suspender todas las obras que estaban contratadas por el simple hecho de ser "Perezjimenistas".

Algunas de las obras que no se ejecutaron son:

-2.000 grupos escolares en toda la nación,

-El plan ferroviario nacional,

-La autopista Caracas Tejerías, que luego si se hizo, pero fue un disparate dando vueltas por valles del Tuy,

-La Maternidad del Este, en la avenida Andrés Bello de Caracas donde hoy se encuentra el parque Arístides Rojas,

-El Hospital de Petare,

-El túnel Altamira-Los Corales,

-La carretera Guarenas-Los Caracas.

-El Edificio Rental de la Universidad Central de Venezuela, del cual ya estaban hechas las fundaciones, cuyo destino era producir renta para ayudar a la manutención de la Universidad, iba a ser el edificio más alto del mundo en concreto armado, pero nunca se hizo y las fundaciones quedaron ahí abandonadas.

-Los puentes sobre el Río Orinoco y el Río Apure que luego, menos mal, se hicieron, pero en acero.

-Las represas del Gurí, Uribante Caparo y la de Guárico.

-El puente sobre el Lago de Maracaibo, que en su proyecto original tenía tres vías, era más alto que el actual, tenía una vía férrea por debajo y defensas para protegerlo. Esta obra magna iba a ser la mayor en concreto armado del mundo y un icono para el estado Zulia y Venezuela, así como el canal de Panamá lo es para dicho país. Este proyecto fue ejecutado a posteriori con dos vías, sin la vía férrea debajo y sin las defensas, lo cual fue una economía injustificada, suma que fue despilfarrada posteriormente en estupideces.

-El Aeropuerto Internacional de Palo Negro, del cual ya se había hecho la pista; que después Larrazábal lo regaló a la Fuerza Aérea. El Aeropuerto de Maiquetía hubiera quedado como aeropuerto alterno.

-La ampliación y modernización del puerto de Guanta y el de Puerto Cabello. En el puerto de la Guaira se construiría un centro comercial gigante como lo han hecho otras ciudades como Nueva York.

Es totalmente ilógico y disparatado, que todos los viajeros y toda la carga que lleguen a Venezuela tenga que llegar por Maiquetía y la Guaira, atravesar Caracas, para luego ir a su destino en cualquier parte de la República. Pero como ya dije, el plan se desechó por ser de Pérez Jiménez.

Sin embargo, luego se gastaron enormes fortunas, en ampliar el aeropuerto de Maiquetía, hasta llegar a la locura de demoler la colina que estaba en su lado norte, asimismo se gastaron fortunas ampliando el puerto de la Guaira.

Nombraron al Ingeniero González Molina, Ingeniero Municipal quien aplicó estrictamente las absurdas normas nuevas de la construcción, negando permisos ya otorgados, entre otros al Centro Empresarial en la esquina de la avenida Urdaneta y las Fuerzas Armadas, edificio de 40 pisos y el centro profesional San Bernardino, en la plaza La Estrella, San Bernardino... y así sucesivamente una cadena de disparates.

Pérez Jiménez había otorgado una concesión del Cerro Bolívar a la Orinoco Mining Co., en condiciones muy favorables para la empresa, pero esta tenía la obligación de hacer el puerto de Puerto Ordaz, además de dragar el río Orinoco y mantenerlo navegable por 20 años. La idea era hacer un plan de desarrollo gigantesco para la Guayana, el cual tampoco se hizo.

Por supuesto, esto trajo un gran desempleo, por lo que entonces los nuevos gobernantes hicieron la estupidez de crear un "Plan de Emergencia Nacional". El gobierno empezó a pagarle a las personas sin que estas tuviesen la obligación de trabajar, lo cual desmoralizó a la población, enseñando a la gente a vivir sin hacer nada.

Los 4.200 millones de bolívares, que estaban en las arcas del superávit, producto de los últimos ejercicios de Pérez Jiménez, fueron despilfarrados en esos planes de emergencia absurdos.

En el gobierno de Pérez Jiménez, Venezuela producía 2.700.000 barriles diarios a $1,85 por barril. De esto se quedaba Venezuela una regalía del 16,66% bruto, ya sea en dólares o en petróleo y luego recibía el 50% de las ganancias. Con esto el gobierno hacía toda clase de obras públicas y al final de cada presupuesto, tenía un superávit.

En adición a esto, las petroleras exploraban para encontrar nuevos yacimientos de petróleo para lo cual tenían que hacer carreteras y otras obras. Traían toda clase de técnicos e ingenieros, los cuales se alojaban en pequeños pueblos que ellos mismos construían.

El gobierno aceptaba que estas carreteras y estos pueblos fueran contabilizados entre los gastos de las empresas, pudiendo ellos deducirlos del impuesto sobre la renta, o sea que indirectamente, Venezuela contribuía con el 50% de está obras que entonces quedaban en beneficio del país.

El gobierno provisional de Wolfgang Larrazábal, le declaró la guerra a las petroleras. Lo primero que hizo fue decir *"No más concesiones"*, luego les dijo que no podían deducir las obras construidas del impuesto sobre la renta.

Con esto y con lo de no más concesiones, las petroleras desmontaron toda esa gran organización, dejaron de construir obras de infraestructura y abandonaron una gran cantidad de pueblos que habían construido para este fin. Al final se fueron perdiendo Venezuela este gran beneficio que era uno de los grandes ingresos que tenía la nación.

Luego del gran despilfarro, durante todo ese año de gobierno, no solamente se gastaron los Bs. 4.200.000 que estaban en "caja", sino que también generaron un gran déficit fiscal. Para solucionar esto, infantilmente le subieron el impuesto sobre la renta a las petroleras del 50% al 66% **retroactivo**. Aunque el retroactivo era ilegal y anticonstitucional, las petroleras lo aceptaron y pagaron. Con este excedente de dinero, el gobierno pagó el desastre del déficit fiscal.

Ese año empezó la desmoralización del venezolano y una xenofobia espantosa, la persecución a los extranjeros y a todo el que trabajaba. En esta época ocurrió algo muy importante: **empezó el éxodo de capitales, los cuales huían despavoridos.** En fin, un gran caos empezó a manifestarse en el país.

Los Perezjimenistas afirman que si se le hubieran otorgado a Pérez Jiménez los 5 años adicionales que pedía, la economía de Venezuela y el país hubiese sido indestructible.

Wolfang Larrazábal empezó su campaña política desde el Gobierno con una gran popularidad, regalando dinero y zumbando besos. Convocó a elecciones libres para diciembre de ese mismo año y se lanzó como candidato, apoyado por el partido Unión Republicana Democrática (URD). Se retiró de la Presidencia de la Junta, quedando *el Dr. Edgar Sanabria* a la cabeza de ésta.

En diciembre de 1958 se realizaron unas nuevas elecciones en las cuales se disputaron la presidencia Rómulo Betancourt por Acción Democrática, Wolfgang Larrazábal por URD y Rafael Caldera por COPEI, resultando ganador *Rómulo Betancourt*.

Tercera Etapa De La Destrucción De Venezuela

Previo a las elecciones de diciembre de 1958, se firmó entre AD, URD y COPEI, el *"Pacto de Punto Fijo"* para dividirse el gobierno, fuera quien fuera el que ganara. Esto daría pasó a la *dictadura "ADECO-COPEYANA"* que duraría 40 años.

Con la llegada de *Rómulo Betancourt* al poder por segunda vez, se inició una de las épocas más convulsionadas de la historia contemporánea de Venezuela hasta la fecha.

Este maquiavélico ser estaba dotado de gran carisma y tenía una cara multifacética; por un lado se declaraba anticomunista y por el otro soliviantaba y alimentaba a las guerrillas urbanas y suburbanas, para chantajear mentalmente a toda la población, especialmente al ejército, diciéndoles que si lo quitaban a él, vendría el comunismo...

Arremetió nuevamente con su plan socialista, pero esta vez con cautela, dada la experiencia anterior en la que fue derrocado.

Empezó subiéndoles los sueldos a todos los militares, comprándoles casas y dándoles toda clase de beneficios.

Inició una gran propaganda de lavado de cerebro a todos los venezolanos, haciéndoles creer que los militares eran unos monstruos.

Aprobó una reforma agraria con la cual expropió haciendas, fincas y granjas en producción, pagando con *"bonos de la deuda agraria"* a sus propietarios y repartiéndolas a los campesinos; quienes hicieron grandes fiestas y acabaron con todo. Hasta los padrotes del ganado fueron objeto de la depredación desbocada de los nuevos dueños de los otrora productivos predios.

Se perdieron muchas fincas productivas, se acabó la producción agrícola y pecuaria y otra vez el país terminó importando todo tipo de alimentos.

Estableció un nuevo sistema de control de prensa: "Puedes publicar lo que quieras, pero si no me gusta, te meto preso".

La llegada de Rómulo Betancourt y los gobiernos subsiguientes continuaron con la misma política en contra de las petroleras, no bastándoles esto inventaron, Juan Pablo Pérez Alfonso y su combo, crear la Organización de Países Exportadores de Petróleo (OPEP).

Venezuela producía para ese entonces, 2.700.000 barriles diarios de petróleo. En la actualidad ni siquiera sabemos cuánto producimos; dicen que se produce menos de 700.000 barriles diarios. En cambio, por ejemplo, Arabia Saudita que producía para ese momento 1,5 millones de barriles diarios de petróleo, en la actualidad produce alrededor de 12 millones de barriles diarios.

Asimismo, Rómulo Betancourt, igual que en su primer gobierno, elaboró la *"Ley de Alquileres"* que aprobó el 1ro. de agosto de 1960, exterminando nuevamente la construcción de viviendas.

Se paralizó totalmente la industria de la construcción y se recrudeció ferozmente la salida de capitales de Venezuela.

El presidente se volvió una máquina de hacer decretos que mantuvo al país en una perenne zozobra. Con el buen humor de los venezolanos que todavía nos quedaba, se pedía que hiciera un decreto, decretando que no iba a hacer más decretos.

En diciembre de 1960 el caos era total, con protestas callejeras de toda clase y los estudiantes incendiando autobuses. El gobierno se tambaleaba y fue nombrado *Tomás Enrique Carrillo Batalla* como virtual primer ministro. Hizo una gran cantidad de decretos, dando estímulos a la construcción para crear confianza, lo cual logró.

Devaluó nuestra moneda por primera vez, después de varias décadas de estabilidad, de 3,35 Bs/Dólar a 4,85 Bs/ Dólar, un 45%.

Igual que en su periodo anterior, hubo manifestaciones de toda clase, especialmente de los estudiantes comunistas; quienes soliviantados por el mismo Betancourt, iban a la calle incendiando camiones y autobuses.

Rómulo Betancourt suspendió las garantías constitucionales en 1960 y estas no fueron restituidas sino por Ramón J Velázquez en 1995. Luego Caldera las volvió a suspender en su segundo período.

Esto quiere decir que las garantías constitucionales han estado suspendidas todo el tiempo, salvo ese pequeño período, hasta la fecha.

Así se desarrollaron estos cinco turbulentos años, con varios intentos de derrocar al mandatario, pero siempre éste fue apoyado por aquellos que sucumbieron al chantaje del peligro de caer en el comunismo.

Se dieron otros intentos de golpe de estado violentos (durante los cuales hubo una gran cantidad de muertos): como el *Porteñazo*, el *Carupanazo* y el *Barcelonazo*. En este último, por orden directa de Rómulo Betancourt, fueron asesinados por la espalda todos los soldados y civiles implicados, aunque ya estaban rendidos.

Creó la, Oficina Metropolitana de Planeamiento Urbano (OMPU), un monstruo que controlaba todas las construcciones, regulándolas, dejando construir solamente minúsculos edificios, lo que hizo que se agravara cada vez más la crisis habitacional del país, pues el crecimiento de la población era infinitamente mayor al de la construcción.

Esta fue una oficina de chantaje y corrupción de toda clase; cambiaron las zonificaciones de manera que beneficiaran parcelas que ellos habían adquirido previamente, lo cual también desfavorecían a las inversiones.

Betancourt, un político muy sagaz y astuto, negoció con los hermanos John y Robert Kennedy para que le entregaran a Pérez Jiménez y ponerlo preso a cambio de no seguir en su línea dura hacia el comunismo.

Pérez Jiménez le fue entregado con muchas condiciones que no se cumplieron. Estuvo 5 años (1963 al 1968) en la Cárcel Modelo mientras se le seguía un prolongado juicio, donde no le pudieron comprobar nada y que terminó con una sentencia condenatoria por un período menor al que llevaba preso, por lo que salió en libertad y partió a Madrid.

Arturo Uslar Pietri

En esos tiempos, sobresalió algo espectacular: *Arturo Uslar Pietri* empezó un programa de Televisión llamado **"Valores Humanos"**, diciéndole a la gente la verdad clara y simple. Con esto él ganó una popularidad desmedida.

Para las elecciones de 1963, Uslar Pietri creó un movimiento político, el **"Frente Democrático Nacional"**, que con su símbolo de **"La Campana"**, emergió como el gran triunfador, pero se produjo un gran fraude electoral. Los adecos hicieron toda clase de trampas por lo que Uslar Pietri perdió las elecciones y ganó *Raúl Leoni*.

Un ejemplo de este fraude fue que, en una mesa electoral de la Iglesia de la Chiquinquirá, en la urbanización La Florida de Caracas, donde *toda mi familia votó en masa por Arturo Uslar Pietri.* Sin embargo, en el conteo en esa mesa, Arturo Uslar solo obtuvo 5 votos. Si eso fue ahí, ¿podrán ustedes imaginarse lo que pasó en pueblos alejados de la capital como Puerto Ayacucho, por ejemplo?

Como el mismo Arturo Uslar expresara en una oportunidad: "¡Cómo me habrán robado los votos…!" Y, lamentablemente, no reclamó.

Allí se inicia un nuevo sistema de hacer trampas en las elecciones, en la base de los electores, o sea de las urnas.

Esto luego sería perfeccionado por Hugo Chávez con sus máquinas *INDRA* electrónicas y luego por las *SmartMatic,* que ya son famosas en el mundo con sus trampas

¿Quién inventó entonces lo de hacer trampa en las elecciones?

Raúl Leoni

Uslar Pietri cometió el gran desacierto de unirse al gobierno del Dr. Raúl Leoni, URD y COPEI para formar un *"gobierno de ancha base"*, de donde salió aniquilado políticamente.

Con el gobierno del Raúl Leoni entró un gran respiro al país. A pesar de que no se restituyeron las garantías constitucionales, por lo que podemos considerarlo dictatorial, hizo lo que podríamos llamar el gobierno "menos malo" de esa época.

Era un hombre tranquilo que dejó vivir a la gente y dejó de hacer decretos. Aunque las guerrillas continuaron, éstas se fueron debilitando pues ya no contaban con la ayuda ni el apoyo del gobierno.

Fue un gobierno tranquilo, pero continuó el desorden administrativo, la burocracia y el control de cambios. Hacia el año 1965, el congreso aprobó un montón de leyes que paralizaron la economía.

El 8 de mayo de 1967, Fidel Castro invadió a Venezuela por Machurucuto. La situación fue controlada por el ejército.

Para las elecciones de 1968, se postuló *Miguel Ángel Burelli Rivas*, apoyado por Arturo Uslar Pietri, URD y el Sindicato de Trabajadores de Venezuela

En ese entonces, el partido Acción Democrática se dividió y lanzó 2 candidatos: *Gonzalo Barrios* y *Luis Beltrán Pietro Figueroa*.

¿Es esto democrático?

Rafael Caldera

El *Rafael Caldera*, quien era candidato presidencial por el partido Copei, le propuso a *Miguel Ángel Capriles* que su cadena de prensa apoyara a su candidatura a cambio de varios curules en el congreso incluyéndolo a él en el senado. La cadena Capriles inició su campaña con su titular *"La suerte está echada", "3 adecos se enfrentan a Caldera"*.

Las elecciones presidenciales fueron ganadas por Rafael Caldera por muy poco margen. El partido Acción Democrática se negó a reconocer su triunfo, pero Doña Menca de Leoni, esposa del presidente, le pidió a su esposo que reconociera la derrota y entregara el poder, y así lo hizo.

¿Es esto democrático?

Rafael Caldera se estrenó en su gobierno con una gran fiesta. Mucha gente veía a Caldera, profesor universitario, como una persona seria y correcta.

Lamentablemente él siguió los pasos de los adecos y el mismo desorden, las mismas regulaciones, despilfarro y hurtos de los dos gobiernos anteriores.

La Universidad Central de Venezuela era un cuartel de guerrilleros, estaba totalmente tomada por los comunistas. Caldera como profesor de la misma, tenía conocimiento de esto y los desalojó a todos, para lo que tuvo que cerrarla por algún tiempo.

Caldera, unilateralmente denunció el tratado comercial con Estados Unidos, el cual era altamente beneficioso para Venezuela, sin ni siquiera discutirlo.

Se recrudeció fuertemente la lucha contra las petroleras.

En la Ley de reversión promulgada en 1971, se afirma que todos los bienes, instalaciones y equipos pertenecientes a las concesionarias petroleras, dentro o fuera de las áreas de concesión, se revertirían a la nación sin compensación a la expiración del contrato.

Se dictó el decreto 832 donde se establece que toda la exploración, producción, refinación y programas de ventas de las compañías petroleras tenían que ser aprobados, previamente, por el Ministerio de Minas e Hidrocarburos.

Así que, para todos los propósitos prácticos, Venezuela le abría el camino a la nacionalización.

A los curules que se les había entregado a Miguel Ángel Capriles y a sus allegados, se les exigía que votaran en el Congreso Nacional a favor de las propuestas del gobierno, pero estos formaron la Fracción Independiente de Parlamentarios (FIP), lo cual ensoberbeció a Caldera.

Pero esto no iba a durar mucho tiempo. Con Caldera en el poder, el diario *"La Religión"* publicó un artículo donde señalaba la compra de armamentos por parte de Colombia, quien reclamaba el Golfo de Venezuela.

En este diario se advertía que Venezuela no tomaba ninguna previsión.

Rápidamente Miguel Ángel Capriles también publicó el mencionado artículo, en sus periódicos, por lo que el gobierno inició una persecución contra el editor.

A pesar de ser Senador, se tuvo que asilar en la embajada de Nicaragua para luego tener que salir del país.

¿Es esto democrático?

Marcos Pérez Jiménez *se* postuló para Senador por el partido político *Cruzada Cívica Nacionalista* en las elecciones de 1968 y a pesar del gran fraude, alcanzó la enorme cantidad de 400.000 votos saliendo electo Primer Senador de La República.

En 1969, la Corte Suprema de Justicia invalidó su elección basándose en tecnicismos legales a pesar de que había sido aceptado por las autoridades electorales, burlándose así de las 400.000 personas que votaron por él.

La Cruzada Cívica Nacionalista logró postularlo nuevamente para la Presidencia de la República en los comicios de 1973.

Conscientes de la popularidad de Pérez Jiménez y dado que en las encuestas ganaba fácilmente. Los representantes de los partidos mayoritarios propusieron y aprobaron en el Congreso Nacional y en las Asambleas Legislativas de los estados, una enmienda constitucional destinada específicamente a inhabilitarlo políticamente, mediante la aplicación retroactiva de una norma.

Adicionalmente le dictaron un auto de detención para que no se pudiera presentar como candidato a la presidencia de Venezuela.

¿Es esto democrático?

Carlos Andrés Perez

En 1973 surgió Carlos Andrés Perez, quien con su lema: *"Democracia con energía"*, capitalizó los votos Perezjimenistas y se ganó a los votantes. No había quien se le opusiera; arrasó en las elecciones, tanto presidenciales como en las del congreso.

Luego, sin decirlo, cambió su lema por: *"**Democracia con persecución**"*; pidió poderes especiales al congreso, el cual, por supuesto, se los otorgó e inició nuevamente un sistema dictatorial mandando por decreto.

Enero 1973-1974, vino el bloqueo económico de petróleo a los Estados Unidos.

Se produjo el mayor incremento de los precios del petróleo conocido hasta la actualidad, ya que el precio del barril pasó de 1,62 dólares el barril en enero de 1973 a más de $30 en 1980, lo que equivale a una subida 1,752% (UN MIL SETECIENTOS CINCUENTA Y DOS %). En solo siete años.

Es inimaginable la cantidad de dinero que le empezó a entrar al gobierno.

Increíblemente todo este dinero se malgastó, enseñó a no trabajar y a dilapidar el dinero, no se pagaron las deudas públicas y más bien se siguió endeudando al país.

No se hizo nada, ninguna obra pública, excepto robar.

Carlos Andrés Pérez hizo toda clase de decretos disparatados. En vez de hacer un plan de obras públicas para absorber el desempleo, inventó la política del pleno empleo. Esto era poner a trabajar a la gente en trabajos inútiles como el de ascensorista en los edificios residenciales, personas encerradas en baños públicos para limpiarlos, etc.

Regularon los precios de absolutamente todo, poniendo a las empresas en una muy difícil situación, muchas tuvieron que cerrar.

Por ejemplo, regularon los precios de las arepas a un Bolívar (Bs.1,00), llevando a la quiebra la mayor parte de las areperas de la época.

En 1976, les dieron la estocada final a las petroleras expropiándolas y para colmo a "precio de libro", lo cual no constituía un valor real para las empresas. Fue un hurto.

No le bastó este atropello, sino que bienes que inclusive no estaban dentro del funcionamiento de la empresa como el edificio original de la Creole en Bello Monte y el de la Shell en San Bernardino, fueron expropiados al costo.

No se necesita ser contable para saber que dicho precio no correspondía a ninguna realidad. Eran los costos a los cuales se habían adquirido los bienes, algunos hasta 50 años atrás, cuando con un fuerte (5 bolívares viejos) se iba al mercado.

No le bastó con esto, sino que obligó a las petroleras a pagar las indemnizaciones a los trabajadores, aun cuando estos seguían trabajando, lo que trajo una gran cantidad circulante a la calle con su consecuente inflación y daño a la economía.

Crearon al monstruo de PDVSA que a posteriori sería la punta de lanza de Hugo Chávez para sembrar su comunismo en Venezuela, rescatar la agonizante dictadura de Cuba y esparcir el comunismo por el resto de Latinoamérica.

Durante este período, donde el petróleo alcanzó un valor de $36 el barril, se despilfarró todo este dinero y no se les dio mantenimiento a los pozos petroleros, dejando estos de producir hasta el punto de que, hoy en día, ni siquiera sabemos cuánto producimos y para colmo, de lo poco que se produce, se regalan 50,000 barriles de petróleos diarios a Cuba.

Actualmente, las refinerías están totalmente oxidadas e inoperables.

Carlos Andrés Pérez cometió toda clase de abusos de poder, cerrando negocios, persiguiendo a todo el que trabajaba. Él y sus 12 apóstoles (sus 12 ministros) hacían y deshacían como les daba la gana y robaban a manga ancha.

VENEZOLANA INTERNATIONAL DE AVIACIÓN S.A., (VIASA), empresa mixta, mitad privada y mitad del Estado, se había ganado siete estrellas por siete años consecutivos como la mejor línea aérea del mundo. Después de que la expropiaron cuando no quiso dejar estacionado un avión para Carlos Andrés Pérez en Arabia mientras estaba en una gran orgía, Viasa empezó desde entonces a perder calidad, hasta llegar a ser la peor línea aérea del mundo.

El caso del buque "Sierra Nevada" (el cual fue donado por Carlos Andrés Pérez, a Bolivia, el cual no tiene costas marítimas), el único por el cual este gobernante fue juzgado y asombrosamente absuelto. El dato curioso es que los miembros del Congreso Nacional se leyeron el libelo de 1300 páginas en 1 noche. ¿Creen que esto puede ser posible?

Otra vez se regularon los precios, muchas veces por debajo del costo del producto.

De 48 embotelladoras de refrescos, solo quedaron 6 que pudieron subsistir a la regulación de 0.25 bolívares por refresco, todas las demás quebraron.

Tuvieron a la industria y el comercio en jaque, perdiendo dinero.

Un caso muy importante fue el de la Venezolana de Cemento, donde tenían regulado el precio del cemento en Bs. 5,80 por saco lo cual llevó a las fábricas a perder dinero.

Premeditadamente, Carlos Andrés Pérez y sus 12 apóstoles, compraron acciones de estas compañías a precio de "gallina flaca". Al perder las elecciones en diciembre de 1978 y antes de entregar el poder, sacaron un decreto elevando el precio del cemento a Bs.14 por saco. Con esto, las acciones subieron descomunalmente y entonces ellos vendieron sus acciones con grandes utilidades.

Luego de vender, dijeron que hubo un error de imprenta en el precio, el cual verdaderamente sería de Bs. 12,40 por saco.

Durante esta época de opulencia, peculado y despilfarro, se eliminaron los subsidios a los colegios privados para el desayuno de los niños, establecido desde la época del presidente Medina Angarita.

Venezuela siempre fue uno de los principales productores de café y cacao de primera calidad a nivel mundial. Mucho del chocolate suizo se hacía con cacao venezolano.

Carlos Andrés Pérez creó el "Fondo de Café y Cacao", al cual todos los caficultores y cacaoteros estaban en la obligación de vender todas sus cosechas a este Fondo, para que luego éste las comercializara. Pero como el fondo no les pagaba a los agricultores o les pagaba una miseria, se dejó de sembrar y recoger estos productos.

Empezó a "nacionalizar" todo lo que se le ocurría y le cambió el nombre a lo nacionalizado por palabras terminadas con la sílaba "ven" (por Venezuela). Tanto fue así que el pueblo lo empezó a llamar "locovén".

Durante el gobierno de Carlos Andrés Pérez había una policía política: denominada por ellos mismos *Los Gatos*. Era vox populi que mataban y hacían lo que les daba la gana. Entre sus muertos podemos contar a Ramón Carmona, un abogado muy conocido y cuyo caso retumbó en Caracas.

La más famosa víctima de este régimen fue *Renny Ottolina,* un renombrado comunicador de la época quien gozaba de una gran popularidad. Él no había lanzado su candidatura aún y ya las encuestas le daban una gran mayoría de la intención de voto; iba a ser el próximo presidente de la República.

Consta que el avión donde viajaba Ottolina cuando perdió la vida, había puesto gasolina en Maiquetía, pero hubo un ***"misterioso accidente"*** poco tiempo después de haber despegado: el avión se estrelló por falta de gasolina.

Muy curiosamente, *"Los Gatos"* fueron los primeros en llegar al lugar del siniestro, cosa jamás vista en ningún accidente aéreo, que la policía política llegue antes que las autoridades aeronáuticas y que las de rescate. ***"Los Gatos" retiraron todos los instrumentos y no dejaron que nadie se acercara a la avioneta.***

En una oportunidad, Carlos Andrés Pérez llegó a República Dominicana y en un meeting, con toda su desfachatez, les dijo "No le deben nada a Venezuela" y les condonó una deuda de 70 millones de dólares como si fuera dinero personal de él.

En esa época las estaciones de televisión se modernizaron y adquirieron e instalaron todos los equipos para transmitir a colores, pero el gobierno no quiso permitir este avance.

¿Puede usted imaginarse que, durante cinco años, el gobierno obligó a las televisoras a poner un filtro para no pudiésemos ver la televisión en color sino en blanco y negro?

En resumidas cuentas, Carlos Andrés Pérez fue otro progenitor de la desgracia que actualmente vive Venezuela.

¿Es esto democracia?

Luis Herrera Campins

Luis Herrera Campins, ante el descrédito del gobierno y de los adecos, triunfó en las elecciones de 1978. Era un personaje muy peculiar, perteneciente al partido *COPEI*. Un señor que creía que él y sus amigos siempre tenían la razón. Continuó el despilfarro, el disparate y el atropello a los venezolanos, en fin, con la dictadura.

Las garantías constitucionales continuaron suspendidas.

También le dio un fuerte apoyo militar y político al gobierno comunista de Daniel Ortega y los Sandinistas en Nicaragua.

En esta época se hablaba persistentemente de construir una vía alterna al litoral. Luis Herrera, un neófito en la materia, decidió que la vía alterna sería el ferrocarril. Lo más asombroso de todo esto es que no hubo quien le dijera el disparate que era esta idea y se procedió a elaborar un proyecto completo que aún reposa en los archivos de la nación. También mandó a hacer un estudio y un proyecto para un puente hacia la isla de Margarita, el cual, por supuesto, corrió con la misma suerte.

A pesar de que continuaba el inmenso ingreso por el alto precio del petróleo, el desbarajuste económico, incluyendo el del Banco Central de Venezuela, trajo como consecuencia el desplome de nuestra moneda.

El 18 de febrero de 1983, llamado el "viernes negro", nuestro signo monetario fue devaluado brutalmente, un 35% aproximadamente.

Entonces el gobierno estableció un estricto y nefasto Régimen de Cambio Diferencial "RECADI", el cual perduró hasta el 17 de mayo de 1995, cuando el presidente Ramón J Velásquez, derogó esta desgracia.

A partir de esa fecha y aún hoy en día, seguimos viviendo la nefasta caída y devaluación de nuestra moneda.

¡Total destrucción de nuestro sistema monetario y económico!

Jaime Lusinchi

El *Dr. Jaime Lusinchi*, de Acción Democrática fue elegido ante el desastre del gobierno de Luis Herrera. Ganó por un alto margen del 57% para ocupar la presidencia de 1984 a 1989, con el detalle de que gobernó conjuntamente con *su "secretaria privada" Blanca Ibáñez*.

El gobierno en ese entonces construyó la urbanización "Juan Pablo II", violando todas las normas de zonificación que se les aplicaban a los constructores privados y donde quedaron muchas dudas sobre su promoción y desarrollo.

Grandes gastos injustificados, el asalto al Erario Nacional, la continua depreciación de la moneda, el aumento de la inflación y la cotidianidad de la corrupción, resaltaron en su mandato.

Continuaron las garantías constitucionales suspendidas, el control de cambios, el desbarajuste total de nuestra economía.

Al Dr. Jaime Lusinchi, tras abandonar el poder, se le acusó de corrupción administrativa en enormes proporciones; de tráfico de influencias en la concesión de privilegios a través del Régimen de Cambios Diferenciales (RECADI), de utilización de fondos del Ministerio de Relaciones Exteriores para adquirir 65 Jeeps para la campaña electoral de AD en 1988, del uso indebido de partidas del Instituto Nacional de Hipódromos y hasta de estar detrás de la campaña de cartas-bomba remitidas por manos anónimas a la Corte Suprema, con finalidad supuestamente intimidatoria.

Sin embargo, a pesar de todo esto, su mismo partido Acción Democrática (AD), ganó nuevamente las elecciones y Lusinchi le transmitió el mando a Carlos Andrés Pérez para su 2do. Período.

En 1993, la Corte Suprema de Justicia dio luz verde para el procesamiento del expresidente, Jaime Lusinchi, quien, a raíz de esto, huyó a Costa Rica donde se reunió con Blanca Ibáñez.

Carlos Andrés Pérez, Segundo Período:

El "Gocho para el 88". Así fue el slogan para las presidenciales ¡Algo inconcebible! Después de la torta que puso en su primer período, Carlos Andrés Pérez fue reelegido nuevamente. Esto es para el *"Libro de Guinness"*.

Apareció entonces un nuevo Carlos Andrés Pérez, repotenciado y cambiado, que quería hacer las cosas aparentemente al contrario que antes.

A poco más de un mes de asumir la presidencia, como consecuencia de todo el desacierto con que empezó, el pueblo se levantó en masa contra él y enardecido, se lanzó a las calles contra el gobierno o *más bien contra el sistema*, lo que se llamó el "Caracazo".

El pueblo fue aplastado y masacrado por el ejército, muchos fueron brutalmente asesinados en las calles.

En cierto modo esto contribuyó a que hoy en día, el pueblo esté sumiso ante lo que está pasando. Dentro de sus entrañas quedó marcado este atropello vil.

Si el pueblo pudiera armarse, como es en Estados Unidos, este cuento se cantaría distinto.

Unas manifestaciones pacíficas absurdas y ridículas que no conllevan a nada.

Posteriormente, el 4 febrero de 1992, se alzó *Hugo Chávez* con sus secuaces Intentó de golpe de estado que fue controlado por Carlos Andrés Pérez.

Hugo Chávez fue encarcelado simplemente, inconcebiblemente sin hacerle juicio ni nada parecido.

En marzo de 1993, el fiscal general de la República, *Ramón Escobar Salom*, presentó ante la Corte Suprema de Justicia una acusación formal contra el presidente Carlos Andrés Pérez y dos de sus ministros, por malversación y peculado. En mayo del mismo año, el Congreso de la República autorizó su enjuiciamiento y lo suspendió de sus funciones.

Tras un breve proceso, nombraron al presidente del Congreso Nacional, *Octavio Lepage*, Presidente Encargado. En julio del mismo año, el congreso eligió a *Ramón J. Velásquez* como Presidente Constitucional. En agosto se declaró la ausencia absoluta del presidente suspendido Carlos Andrés Pérez y se ratificó a Ramón J. Velásquez para terminar el período constitucional.

Durante la breve presidencia Ramón J Velásquez el país descansó de la férrea dictadura de tantos años. Este presidente restableció las garantías constitucionales el 17 de mayo de 1995 y después de 12 largos años, fue derogada la ley de Régimen de Cambios Diferenciales, RECADI.

El país se tranquilizó mientras los partidos políticos se enguerrillaban más unos contra otros y dentro de ellos mismos.

El partido Acción Democrática se dividió a lo interno y sus diferentes fracciones se enfrentaron entre sí, por imponer sus candidatos a la presidencia.

El partido Copei siguió también enguerrillado y se alzó contra el soberbio y prepotente Rafael Caldera, terminando éste por retirarse del partido que él mismo había fundado.

Copei entró en una fase de gran desprestigio.

El "Chiripero"

Después del intento de golpe de Hugo Chávez, Rafael Caldera, que estaba muerto políticamente, le sacó filo a esta intentona aludiendo que todo era culpa de Carlos Andrés Pérez, lo que le ayudó a llegar a su segundo periodo presidencial.

Rafael Caldera se lanzó a la palestra con su nuevo movimiento llamado *Convergencia*, al cual se unieron un montón de partidos pequeños formando lo que se llamó el *"Chiripero"*.

Con su ambición desmedida de volver a llegar al poder, a la avanzada edad de 76 años, física y mentalmente bien deteriorado y con ideas paranoicas y prepotentes, se postuló nuevamente para la presidencia, ganando por un estrecho margen en una reñida elección obtuvo solamente el 30% de los votos, **hubo una abstención del 50%**, seguido por Claudio Fermín 24%, Álvarez Paz 23% y Velásquez con 20%. O sea que fue elegido con el 15% de la masa electoral.

¿Cómo hubiera sido esto si hubiera habido una segunda vuelta electoral?

¿Hubiera habido esa abstención?

Resultados Elecciones Presidenciales
del 5 de diciembre de 1993

Candidatos	Partido	Votos	%
Rafael Caldera	Convergencia	956.529	17,03
	MAS	595.042	10,59
	URD	32.916	0,59
	MEP	27.788	0,49
	MIN	19.386	0,35
	PCV	19.330	0,34
	FUN	10.308	0,18
	ONDA	8.863	0,16
	AA	7.154	0,13
	U	6.285	0,11
	EPAP	4.445	0,08
	AP	4.434	0,08
	FIN	4.078	0,07
	UP	4.039	0,07
	IDEAL	3.713	0,07
	FAI	3.626	0,06
	MID	2.786	0,05
	Total	1.710.772	30,46

Claudio Fermín	AD	1.304.849	23,23
	ICC	5.224	0,09
	FDP	3.992	0,07
	IRE	3.776	0,07
	FACTOR E	2.077	0,04
	MONCHO	1.760	0,03
	ONI	1.507	0,03
	PROSOCIAL	1.236	0,02
	NR	866	0,02
	Total	1.335.287	23,60
Oswaldo Álvarez Paz	Copei	1.241.645	22,11
	Renovación	10.583	0,19
	Voluntarios	6.624	0,12
	PAZ	6.613	0,12
	SENCO	5.908	0,11
	GE	5.133	0,09
	Total	1.276.506	22,73
Andrés Velásquez	LCR	1.232.653	21.95
Modesto Rivero	ORA	20.814	0,37
Nelson Ojeda Valenzuela	FPI	18.690	0.33

Luis Alberto Machado	Rev. de la Intl.	6.851	0,12
Fernando Bianco	CEM	5.590	0,10
José Antonio Cova	NGD	3.509	0,06
	MRN	1.428	0,03
	Total	4.937	0,09
Gabriel Puerta Aponte	MDP	3.746	0,07
Rhona Ottolina	F1	3.633	0,06
Rómulo Abreu Duarte	FEVO	1.554	0,03
Jesús Tang	PN	1.251	0,02
Blas García Núñez	PEV	1.198	0,02
Juan Chacín	PODER	981	0,02
Carmen de González	CCN	866	0,02
Félix Díaz Ortega	NOR	780	0,01
Temístocles Fernández	IT	640	0,01
Votos válidamente emitidos		5.616.699	96,35
Votos nulos		212.517	3,65
Total		5.829.216	100
Fuente: CNE.			

39 partidos políticos participaron en esta locura.

Es de hacer notar que, en Venezuela, con una diferencia tan pequeña se ganó una presidencia. Debería haber una segunda vuelta electoral para los dos primeros finalistas, como en otros países.

Lamentablemente, ni los adecos, ni los copeyanos establecieron la "**Doble Vuelta Electoral**" pues no les convenía. Así se pasaron la pelota de uno al otro.

Esta fue una de las grandes ofertas que hizo Hugo Chávez para ganarse los votos en su campaña electoral, pero después que ganó no cumplió con lo ofrecido, pues tampoco le convenía, ya que no hubiera podido seguir mandando con una minoría.

Por otro lado, la Cámara de Diputados quedó compuesta así:

Partido	Votos	%	Escaños
Acción Democrática	1 099 728	23,3	55
Copei	1 065 512	22,6	53
La Causa Radical	974 190	20,7	40
Convergencia	651 918	13,8	25
Movimiento al Socialismo	509 068	10,8	24
Organización Renovadora Auténtica	41 085	0,9	1
Movimiento de Integridad Nacional	29 433	0,6	1
Movimiento Electoral del Pueblo	27 635	0,6	1
Unión Republicana Democrática	26 299	0,6	1
Partido Comunista de Venezuela	21 180	0,4	1
Gente Emergente	12 525	0,3	0
Nueva Generación Democrática	252 471	5,4	1
Otros 154 partidos			0
Votos nulos y en blanco	1 117 998	9.388.795	60,2
Total	5 829 216	100	203

Por su lado el Senado quedó compuesto así:

Acción Democrática: 16 senadores.

Copei: 14 senadores.

Causa R: 9 senadores.

Convergencia: 6 senadores.

MAS: 5 senadores.

Min: 1 Senador

Total 51 Senadores

Caldera indultó a Chávez sin razón lógica ninguna, cosa que los venezolanos no se lo perdonan.

El Consejo Nacional Electoral era elegido por el Congreso Nacional y éste permitió posteriormente que Hugo Chávez Frías se postulará a la presidencia de la República. Le permitieron postularse para la presidencia de la República a un vulgar asesino, a un delincuente de esta magnitud, a un individuo que incurrió en alto delito grave de haberse levantado contra un estado derecho y ser culpable de cientos de muertos y sangre derramada de los venezolanos.

Un individuo que llegó a la residencia presidencial "La Casona" a capturar a Carlos Andrés Pérez y personalmente asesinó a los dos soldados que estaban de guardia en la puerta y les dijo a sus seguidores: "ya saben lo que tienen que hacer".

A Pérez Jiménez se le impidió lanzarse a la presidencia por delitos infinitamente menores que este y los cuales nunca fueron comprobados.

Caldera volvió a suspender las garantías constitucionales que habían sido restituidas en el período anterior; envió al congreso el decreto derogatorio quien tenía 30 días para ratificar la suspensión. El congreso la negó, pero Caldera las volvió a suspender y le dijo al congreso que las seguiría suspendiendo cada 30 días y así sucedió hasta que otra vez quedaron suspendidas indefinidamente.

Estableció nuevamente el nefasto control de cambios.

Caldera nombró a Carlos Bernárdez Lozada presidente del Fondo de Inversiones. Este individuo mantenía una guerra personal con el señor Orlando Castro, Presidente de prestigiosa institución bancaria: Banco Progreso.

Desde su puesto en el Fondo de Inversiones, con el apoyo de Caldera, Bernárdez le declaró la guerra al Banco Progreso; le retiró repentinamente los depósitos de todas las entidades gubernamentales, dejándolo así fuera de compensación y expropió el banco.

Así inició la expropiación del sistema bancario privado

Luego de esta marramuncia Carlos Bernárdez apoyado por Caldera nuevamente, procedió a aplicar la misma medicina a otros bancos, expropiando la mayoría y creando como consecuencia un caos total, un desastre bancario y una desconfianza de grandes magnitudes.

El descontento era generalizado.

Los venezolanos se encontraban decepcionados de los partidos políticos y de sus dirigentes. Apareció entonces un nuevo o mejor dicho, una nueva paracaidista: *Irene Sáez,* ex Miss Universo de Venezuela, una mujer increíble en todos los aspectos. Además de su belleza física, poseía otras cualidades; era inteligente, simpática, con una gran cancha y desenvuelta.

Fue elegida alcaldesa de Chacao, un Municipio recién creado al este de Caracas, donde no encontró absolutamente nada y que no tenía una Constitución del Municipio, ni oficina, ni una cuenta bancaria. Formó un municipio que todavía es modelo, no solamente para Venezuela sino para cualquier alcaldía del mundo.

Empezó por arreglar el problema del tráfico que era caótico en la zona. Contrató grúas para quitar todos los carros que estaban mal estacionados en las calles, empezó a delimitar los canales de tránsito y limpiar toda la circunscripción.

Contrató una policía especial con unos carros negros impresionantes; los policías tenían que ser bachilleres y educados, infundían respeto y patrullaban las calles todo el tiempo. Prácticamente eliminó la delincuencia del municipio.

Irene Sáez alcanzó el 70% en las encuestas de los venezolanos en su intención de voto para presidente de la República.

Cuando Venezuela fue visitada por el entonces presidente de los Estados Unidos, señor Bill Clinton, *Irene* Sáez fue invitada como representante del próximo presidente de Venezuela.

Irene Sáez se manejaba muy bien manteniendo su imagen de independiente.

Lamentablemente, tuvo la mala ocurrencia de formar un partido político con sus hermanos quienes la asesoraron muy mal políticamente, sin tener ni la menor idea de lo que es el arte de manejar las masas, hicieron un pacto con Copei y La Causa R, el partido de *Andrés Velázquez*, lo que causó una gran desilusión en todos los electores y la candidata cayó en las encuestas, del 70% a menos del 10%.

La Quinta República

¡Es la peor desgracia que ha sacudido a Venezuela en toda su historia!

Hugo Rafael Chávez Frías nació en el pueblo de Sabaneta, estado Barinas, el 28 julio de 1954. Allí realizó sus estudios de primaria y secundaria.

Estudió en la Academia Militar de Venezuela donde se graduó de subteniente. ***En la Universidad de la Habana, Cuba, estudió ciencias políticas.***

El 4 febrero 1992 dio un golpe de estado fallido para derrocar al gobierno de Carlos Andrés Pérez. al enterarse de la situación, el mandatario se trasladó rápidamente al canal de televisión venezolano "Venevisión" y desde allí empezó a hablarle al país exponiendo lo que estaba pasando y logrando controlar la situación.

En este sangriento golpe, Chávez y sus aliados fueron capturados y encarcelados.

Come ya dije, inexplicablemente, en marzo de 1994, el presidente Rafael Caldera indultó a estos conspiradores, sin haberles seguido un juicio (por lo que no perdió sus derechos constitucionales) a estos flagrantes culpables de haberse alzado en contra de un régimen establecido, donde hubo asesinatos, donde hubo muchos muertos y mucha sangre venezolana derramada además de otros crímenes por parte de los golpistas. Caldera los dejó libres sin explicación ninguna.

Hugo Chávez, inmediatamente al salir de la cárcel, viajó a La Habana, Cuba, donde fue recibido con grandes pompas y platillos por el propio dictador de la isla *Fidel Castro*, allí, en el aula magna de la Universidad de La Habana, Hugo Chávez dio un discurso manifestando abiertamente ideas comunistas y dictatoriales

Fidel Castro estaba con su revolución en quiebra. Después de la disolución de la Unión Soviética Cuba había dejado de percibir los $6.000.000.000 anuales que este imperio le suministraba. Entonces Fidel Castro planificó cómo llegar a los petrodólares venezolanos a través de Hugo Chávez y empezó a adoctrinarlo y a formarlo como una pieza clave para la salvación de su revolución. Le enseñó el camino para llegar a la presidencia a través de elecciones, para después llevar a cabo su revolución en la nación venezolana.

Cabe hacer notar que antes de llegar al poder, Fidel Castro iba a misa todos los días en la Sierra Maestra y siempre vendió su imagen con una persona de derecha. Cuando estuvo en las Naciones Unidas, en New York, hizo un impresionante discurso totalmente derechista.

En 1998, Hugo Chávez presentó su candidatura imitando a su mentor; con una cara totalmente distinta a la que había asomado durante la intentona golpista, vendiéndose como socialdemócrata. Era como un corderito; prometió que iba acabar con la corrupción, con la delincuencia, que nunca iba expropiar nada, que iba respetar la propiedad y la empresa privada, que habría libertad de prensa, etc.

El CNE inexplicablemente, como expuse anteriormente, le permitió postularse para la presidencia de la república a un delincuente de esta magnitud, un individuo incurrido en alto delito grave de haberse levantado contra un estado derecho y ser culpable de cientos de muertos y sangre derramada de venezolanos.

Impunidad es una de las causas más grandes de la desgracia de los pueblos latinoamericanos.

En las tan afamadas elecciones de ese año, a Chávez le fue bien pues pudo también capitalizar la mayor parte de la popularidad que había perdido Irene Sáez.

Como dije en el Prólogo, en la carrera presidencial de 1998, las encuestas daban un empate técnico entre Hugo Chávez y Salas

Römer, en tercer lugar estaba el candidato adeco, Luis Alfaro Ucero y de última, Irene Sáez.

Salas Römer se había mantenido independiente, no aceptando apoyo de ningún partido político, lo cual le daba ventaja. Sin embargo, el día previo a las elecciones, ante la posibilidad de la victoria de Hugo Chávez, sorpresivamente Acción Democrática y la mayoría de los otros partidos dieron su apoyo a Henrique Salas Römer y más sorpresivamente aún, él aceptó.

Los militantes adecos se sintieron humillados y desilusionados, pues su voto no era transferible y votaron en masa por Hugo Chávez, lo cual le dio la victoria, quedando electo por cinco años. **Pero no ganó el Congreso Nacional, ni las gobernaciones, ni las alcaldías, ni las juntas comunales, ni las asambleas legislativas de los estados, que quedaron todas en manos de la oposición.**

Resultados de las elecciones de 1998

Candidato	Partido/Alianza	Votos	%
Hugo Chávez	Movimiento V República (MVR)	2.625.839	40.17 %
	Movimiento al Socialismo (MAS)	588.643	9.00 %
	Patria Para Todos (PPT)	142.859	2.19 %
	Partido Comunista de Venezuela (PCV)	81.979	1.25 %
	Independientes por la Comunidad Nacional (IPCN)	67.479	1.03 %
	Gente Emergente (GE)	56.504	0.86 %
	Movimiento Electoral del Pueblo (MEP)	54.797	0.84 %
	Solidaridad Independiente (SI)	36.940	0.57 %
	Acción Agropecuaria (AA)	18.645	0.29 %
	Polo Patriótico	3.673.685	56.20 %
Henrique Salas Römer	Proyecto Venezuela (PRVZL)	1.879.457	28.75 %
	Acción Democrática (AD)	591.362	9.05 %
	Comité de Organización Política Electoral Independiente (COPEI)	140.792	2.15 %

	Por Querer a la Ciudad (PQAC)	1.550	0.02 %
	Polo Democrático	2.613.161	39.97 %
Irene Sáez	Integración, Renovación, Nueva Esperanza (IRENE)	127.849	1.96 %
	Factor Democrático (FD)	24.085	0.37 %
	La Llama de Venezuela (LA LLAVE)	19.634	0.29 %
	Independientes con Visión de Futuro (INCVF)	13.000	0.20 %
	Total, de Irene Sáez	184.568	2.82 %
Luis Alfaro Ucero	Organización Renovadora Auténtica (ORA)	7.518	0.12 %
	Unión Republicana Democrática (URD)	5.187	0.08 %
	Rescate Nacional Electoral (RENACE)	5.085	0.08 %
	Venezuela Unida (VU)	3.468	0.05 %
	Independientes con el Cambio (ICC)	3.123	0.04 %
	Frente Independiente Nacional (FIN)	2.062	0.03 %
	Organización Nacionalista Democrática Activa (ONDA)	1.143	0.02 %
	Total, de Luis Alfaro Ucero	27.586	0.42 %

Miguel Rodríguez	Apertura a la Participación Nacional (APERTURA)	19.629	0.30 %
Alfredo Ramos	La Causa Radical (LCR)	7.275	0.11 %
Radamés Muñoz León	Nuevo Rumbo (NR)	2.919	0.04 %
Oswaldo Sujú Raffo	Frente Soberano (FS)	2.901	0.04 %
Alejandro Peña Esclusa	Partido Laboral Venezolano (PLV)	2.424	0.04 %
Doménico Tanzi	Participación Complementaria (PARTICIPA)	1.900	0.03 %
Ignacio Quintana	Opinión Nacional (OPINA)	1.256	0.02 %
Votos válidos		6.537.304	93.55 %
Votos en blanco/anulados		450.987	6.45 %
Total, de votos		6.988.291	100.00 %
Votantes registrados/participación		6.988.291	63.45 %
Fuente: PDBA y IFES			

Inmediatamente después de tomar el gobierno, el nuevo Presidente Chávez empezó a enviarle 60.000 barriles diarios de petróleo a Cuba.

Apenas empezó a gobernar Hugo Chávez emprendió su funesta acción. Solo en su primer año de gobierno, cerraron 6.000 pequeñas y medianas industrias en todo el país.

Nombró a su compañero de tropa, el General Urdaneta, director de la DISIP. Él la reorganizó totalmente. Luego de un año, Urdaneta fue a hablar con Chávez y le presentó un plan para acabar con la delincuencia, *Hugo Chávez le contestó que su plan era político y no hizo nada.*

En octubre del año 2000, en su programa de *"Aló Presidente"*, invitó a Fidel Castro y dio un gran discurso en el Campo de Carabobo, haciendo toda clase de elogios, tanto a Fidel Castro como a la revolución cubana.

Hugo Chávez planteó **"Modificar la Constitución"**. Para esto propuso un referéndum, **el cual increíblemente fue aprobado por el Congreso Nacional, que pertenecía a la oposición.** A pesar de que en Venezuela hubo 26 constituyentes, que nunca resolvieron nada, se propuso ésta que sería la número 27.

Para la elección de los miembros de la Asamblea Constituyente y para cambiar la Constitución Nacional, **increíblemente la oposición no lanzó candidatos.** Por lo que en este referéndum que se celebró el 25 de abril de 1999 Hogo Chávez ganó la gran mayoría en la Asamblea, **127 asambleístas chavistas y 4 independientes.**

Esta Asamblea Constituyente que se autonombró "Original" disolvió el Congreso y elaboró una nueva Constitución Nacional a su medida.

Para ésto no era que había sido propuesto el referéndum, ni esta asamblea tenía esa potestad. Pero nadie dijo nada.

¡Inaudito, insólito, increíble que la oposición haya apoyado esto!

En esta nueva asamblea, los chavistas incluyeron la propuesta de cambiar el nombre de Venezuela por "República Bolivariana de Venezuela" y de extender el período presidencial a seis (6) años con la posibilidad de una reelección.

País bolivariano... ¡Qué ironía! Bolívar siempre quiso que Venezuela fuera algo muy grande y estos gobernantes la han convertido en uno de los países más pobres del mundo.

En diciembre de 1999, cuando se iban a realizar las elecciones para aprobar la nueva constitución vía referéndum, empezó a llover despiadadamente en todo el valle de Caracas y en la montaña del "Ávila".

Varios geólogos advirtieron al gobierno de la desgracia que se avecinaba; Ignacio Luis Arcaya fue quien avisó directamente a Hugo Chávez y le pidió detener las elecciones. Chávez dijo que las elecciones debían seguir adelante y sucedió la **"Tragedia de Vargas"**.

El descomunal deslave del Ávila hacia el litoral central y hacia Caracas, donde las cifras oficiales hablan de un número de muertes menor a 10.000, pero extraoficialmente, sé dice que fueron casi 100.000 muertos (se importaron 80.000 bolsas para cadáveres que no alcanzaron).

En el medio de esta desgracia, Hugo Chávez tuvo los riñones de rechazar la ayuda de los norteamericanos; ellos habían mandado unos barcos anti-contingencias a solicitud del ministro de la Defensa que venían de socorrer a Honduras del huracán Mitch.

El plan de estos contingentes de auxilio era de canalizar todas las vertientes de agua del litoral hasta el mar y hacer una autopista desde "Mamo" a "Los Caracas". Que recolectaría todas las aguas para llevarlas del mar.

Luego de pocos meses, Hugo Chávez hizo **otra elección más para "la legitimación de poderes"**. Entonces utilizando máquinas electorales **"Indra"**, **hizo un gran fraude** y tomó control de la mayor parte de los poderes la Asamblea Nacional, las gobernaciones y las alcaldías quedaron en manos del chavismo. La nueva constitución fue aprobada y se procedió a convocar a elecciones presidenciales. Hugo Chávez Frías se lanzó para su reelección y Francisco Arias Cárdenas, militar excompañero de armas e ideas del Presidente… fue su contendiente.

Después de eso y hasta hoy en día, este personaje ha demostrado ampliamente que en realidad siempre fue un simpatizante de Hugo Chávez y su revolución.

Alcaldías, Asambleas Legislativas y Juntas Comunales quedaron, en su mayoría, controladas por el oficialismo.

Hugo Chávez había nombrado comisiones extranjeras para supervisar las elecciones representadas por *Jimmy Carter y César Gaviria*, de extrema izquierda. Ambos apoyaron los resultados de esas elecciones.

Hugo Chávez ganó otra vez por un poco más de un millón de votos, *según resultado oficial*, para un nuevo período presidencial de seis (6) años (2000-2006).

En el 2001 Hugo Chávez quería modificar la ley de educación, a la cual el pueblo respondió con una gigantesca marcha con el lema: **"A nuestros hijos no los tocas"**

En el 2002 Hugo Chávez tenía la mirada fija en PDVSA, la petrolera estatal. Destituyó a la plana mayor de la directiva el 9 de abril de ese año y nombró para estos cargos solo a personas asiduas a él.

Los empleados de la petrolera se pusieron en huelga y el 11 de abril de 2002, hicieron una gran manifestación con el apoyo de la oposición. Esta salió del parque del Este hacia la sede de PDVSA en Chuao; fue una de las más grandes marchas jamás conocidas. Aproximadamente un millón de venezolanos estaban allí y quienes no, seguían sus pasos a través de todos los canales de televisión.

Una vez en la sede de PDVSA, en Chuao, se decidió otro destino: **El Palacio de Miraflores**, con el objetivo de pedir la renuncia del presidente.

Chávez ordenó entonces aplicar el "Plan Ávila" (disparar a matar) para no dejar que sus opositores llegaran al Palacio de Miraflores por ningún concepto, pero el ejército se negó a ejercer la fuerza letal en contra de los civiles.

Desde **"Puente Llaguno"**, lugar tomado por los simpatizantes de Hugo Chávez, personajes asiduos al gobierno dispararon contra los manifestantes, hubo mucho heridos y muertos. En esos momentos los que estaban en sus casas morían de angustia por sus hijos, padres, hermanos y amigos que participaban en la manifestación mientras que Hugo Chávez salía en cadena nacional. Los canales de televisión decidieron entonces dividir las pantallas de los televisores en dos; de un lado los venezolanos veían a Hugo Chávez hablando estupideces y del otro al horror que se vivía en las calles de Caracas.

Fueron decenas los muertos y los heridos y tal hecho conllevó a la fuerte indignación del ejército, cuyo alto mando, comandado por el *General Lucas Rincón*, solicitó a Hugo Chávez la renuncia a su cargo, la cual aceptó.

Carta De Renuncia
Original De Chavez

<del>Ante los hechos</del>

Yo, Hugo Chávez Frías, C.I. 4258228,
ante los hechos acaecidos en <del>la</del> el
país durante los últimos días, y
<del>aceptando la</del> consciente de <del>la</del> que he sido
depuesto <del>de</del> la presidencia de la República Bolivariana de
<del>Venezuela, y declaro que</del>
Venezuela, declaro que abandono
<del>abandono</del> el cargo <del>de presidente</del>
<del>la República Bolivariana de Venezuela</del>
por el que fui elegido legítimamente
por el pueblo <del>de</del> venezolano y que
he ejercido desde el 2 de febrero
de 1999.
Igualmente declaro que he removido de
su cargo, ante lo evidencia de los
acontecimientos, al vicepresidente ejecutivo,
<del>de la República</del> Ing. Diosdado Cabello Rondón.

En la ciudad, a los 13 días del
mes de abril de 2002.-

¡¡Patria siempre!!

Hugo Chávez Frías

51

En lugar de seguir las pautas legales y nombrar al vicepresidente *Diosdado Cabello,* para que asumiera el cargo de la Presidencia de la República, y quien, en cuyo caso, tendría que convocar a nuevas elecciones en 30 días, nombraron a *Pedro Carmona*, conocido empresario, quien, apoyado por el ejército, empezó a mandar por decreto y disolvió la Asamblea Nacional.

Como los partidos políticos tradicionales no habían sido llamados a formar parte del gobierno, armaron una gran algarabía de protestas en Caracas. Entre ellos, *Teodoro Petkoff,* un exguerrillero comunista que asesinaba a inocentes policías en la calle con lo que se ganó el título de "mata policías", gritaba por la prensa que había un golpe de estado.

Entonces el *General Raúl Baduel* se volteó en contra del nuevo gobierno, terminando por dividirse el ejército.

Después de esto nombraron a *Diosdado Cabello* Presidente Provisional, como correspondía. Como se dijo, él tendría un mes para convocar a nuevas elecciones de acuerdo con la Constitución, pero eso no sucedió así.

Sin ninguna ley ni potestad que lo autorizara para ello, Diosdado Cabello nombró nuevamente a Chávez presidente. La mayoría de los venezolanos quedó desconsolada, ilegalmente Chávez retornó a la presidencia.

Muchos miembros de la directiva y técnicos despedidos de PDVSA se fueron a trabajar en la compañía colombiana de petróleo "Ecopetrol" y hoy en día Colombia produce mucho más combustible de lo que produce Venezuela.

El 2 de diciembre del 2002, apoyado por la oposición y la Confederación Nacional de Trabajadores (CTV.) y PDVSA, se inició un paro general que se prolongó por casi tres meses.

Los venezolanos lucharon, pero más pudo Hugo Chávez quien aguantó y resistió y dominó la huelga con la ayuda muy especialmente de Irán y de otros países dictatoriales.

Hugo Chávez, asesorado por la División de Inteligencia Militar y la DISIP, quienes sabían del descontento de los militares de alto rango, tomó la decisión de destituir a muchos de ellos y de quitarle los cargos a otros, dejándolos casi sin responsabilidades hasta que les tocara la baja militar.

Incluso enjuiciaron a altos oficiales por traición a la patria.

Aplicaron una fuerte discriminación, negándoles el ascenso a quienes les correspondía y ascendiendo a los que le eran afines. Así el gobierno quedó apoyado por un ejército que le era leal.

Los pistoleros de Puente Llaguno, que habían disparado contra la gente inocente de la marcha del 11 de abril del 2002, fueron absueltos y condecorados y gran parte de los policías que defendieron a los inocentes fueron encarcelados y exiliados.

La nueva constitución dio la oportunidad de revocar a cualquier funcionario público de alta categoría, incluyendo al presidente de la República, si esto fuese solicitado con un porcentaje determinado de votantes después de la mitad del período para el cual fueron electos.

Cumplido este lapso, se recogieron muchas más firmas de las necesarias para revocar al presidente Hugo Chávez, pero empezó el "guaraleo" del Consejo Nacional Electoral (CNE) que, para darle largas al asunto, dijo que había que recoger las firmas nuevamente. Y así fue. El gobierno, para ganar tiempo, obligó al pueblo a recoger sus firmas otra otra vez y este lo hizo tres veces hasta que por fin no le quedó más remedio al gobierno que permitir el revocatorio.

En este proceso **Chávez fue revocado con el 70 % de los sufragios.**

Chávez, utilizando unas nuevas máquinas italianas, "**SMARTMATIC**", con el apoyo del CNE y con *Francisco Carrasquero* y *Jorge Rodríguez* al mando, apoyados por CNN, la Fundación Carter (comunistas asolapados) y el expresidente de Colombia Cesar Gaviria, invirtieron los resultados del referéndum, al igual que lo había hecho *Marcos Pérez Jiménez* en 1952 y 1957.

En una oportunidad en que la Corte Suprema de Justicia había emitido un juicio que **no** le era favorable a Hugo Chávez, éste, en un discurso televisado, les dijo a los magistrados textualmente de "plasta" (excremento) para abajo. Luego los citó a uno por uno y puso la Corte Suprema de su lado…

En eso empezó su carrera armamentista, comprando 100.000 fusiles a Rusia y haciendo un pacto con ese país para montar una fábrica de armas en Venezuela. Asimismo, compró barcos, submarinos, goletas, aviones, helicópteros y submarinos de guerra.

En ese tiempo, los venezolanos quedamos altamente sorprendidos ante un brutal desalojo de tribus indígenas en la cuenca del Caroní. Tiempo después nos enteramos de que dichas tierras habían sido entregadas a los iraníes para explotar el uranio de allí, donde hay material para fabricar bombas atómicas.

Desde ese entonces, el uranio empezó a salir libremente de Venezuela por el río Orinoco, directo a Irán. Los iraníes transitaban libremente por el Aeropuerto de Maiquetía sin pasar por inmigración ni aduanas.

Los iraníes deforestaron las cuencas de Caroní, disminuyendo así fuertemente las lluvias en el sector con su consecuente pérdida de caudal de agua para la represa del Guri y la deficiencia de producción de electricidad de ésta.

El mundo y hasta los Estados Unidos, se quedaron impávidos comprándole su petróleo a Venezuela, mientras Hugo Chávez se armaba hasta los dientes con los fusiles rusos, barcos de guerra españoles, aviones y helicópteros de guerra brasileros, para imponer su revolución en toda Latinoamérica. Al igual que Europa con Hitler, en la década de los años 30...

John F. Kennedy, presidente de los Estados Unidos en octubre de 1962, se arriesgó a una guerra nuclear para evitar que Cuba instalara misiles nucleares en su tierra.

En Colombia se encontraron armas de las Fuerzas Armadas Venezolanas en poder de las guerrillas. En Ecuador, Hugo Chávez apoyó a Rafael Correa, en Bolivia a Evo Morales y en Argentina a los Kirchner, a quienes les llevaron cientos de miles de dólares en maletines y por último nada menos que a Daniel Ortega en Nicaragua.

En Honduras, cuando fue depuesto el presidente Zelaya por querer hacer un referéndum, igual al de Hugo Chávez, para quedarse en la presidencia, se encontraron aviones venezolanos con máquinas electorales y con las cajas ya llenas con votos dándole ventaja a Zelaya.

Con muchos países de las Antillas, Hugo Chávez firmó el pacto: **"Petrocaribe"**, vendiéndoles el petróleo con grandes descuentos y con plazos jamás vistos en ninguna operación comercial en el mundo; al 2% de interés por 20 Años, a cambio de un apoyo incondicional.

Todo esto fue financiado con los dólares que generaba la industria petrolera: **"petrodólares"**, que el gobierno obtenía de la venta de petróleo a USA y a través de la filial de PDVSA: "CITGO"

Cuando se hicieron las elecciones parlamentarias en el 2005, la oposición, por no tener confianza en el CNE, no presentó candidatos a la Asamblea, siendo entonces electos solamente los representantes del gobierno, quedando estos con la mayoría absoluta... otra torta más.

En el año 2006, cuando finalmente se terminaba el primer período de su mandato, el CNE hizo elecciones presidenciales, otra vez con las ya nombradas máquinas **Smartmatic**. Su oponente en esta oportunidad fue Manuel Rosales quien contaba con el apoyo de los principales partidos de la oposición.

Un gran logro de la oposición en estas elecciones fue poder llegar a tener un candidato único, cosa que no fue nada fácil.

Otra vez el CNE fue partícipe de un fraude en los escrutinios, pero esto no se pudo demostrar y a pesar de las grandes dudas sobre la legitimidad de los resultados, Manuel Rosales terminó aceptando su derrota y Hugo Chávez fue reelecto para 6 años más.

En ese entonces el 42% de la población ya estaba en pobreza crítica y la inseguridad seguía creciendo día a día. En el año 2009 nada más, murieron más de 16.000 personas en manos del hampa común, más los secuestros, asaltos y demás. Los hospitales y escuelas se encontraban totalmente desabastecidos.

En esta época el gobierno solivió al pueblo para la invasión de edificios residenciales y haciendas en toda Venezuela.

Ese año, el gobierno hizo un referéndum para una reforma constitucional con el fin de imponer una constitución igual a la de Cuba, la cual el pueblo rechazó abrumadoramente. Hugo Chávez subestimó la fuerza de los estudiantes universitarios, quienes se organizaron a lo largo y ancho del territorio nacional en un operativo sin precedentes en la historia venezolana a fin de evitar, en la medida de lo posible, un fraude electoral. Fue increíble la gran capacidad e inteligencia de estos jóvenes de todos los sectores sociales del país.

Lo primero que hicieron fue correr la voz de **no salir a votar temprano**. De esta forma los primeros resultados de los sondeos a pie de urna daban la victoria al "sí" (que los electores sí querían la enmienda). Cabe hacer notar que, en las encuestas realizadas, el 92% de los venezolanos rechazaba el sistema castro comunista.

A eso de las 2:00 de la tarde salió uno de sus líderes diciendo: **"Ahora sí, vamos a votar"**. Miles de jóvenes se volcaron a las calles no solo a votar sino a incentivar a la gente a hacer lo mismo, de casa en casa, intercomunicador por intercomunicador o con altavoces por las calles llamaron a la gente a votar.

Al cerrar las urnas electorales ya los estudiantes estaban preparados para el siguiente paso. En moto, bicicleta o a pie, recogieron copias de las actas electorales de prácticamente todos los centros de votación del territorio nacional y en secreto realizaron sus propios escrutinios.

Cuando el CNE estaba a punto de anunciar sus resultados con la supuesta victoria oficialista, los jóvenes con los comprobantes de las máquinas electorales en mano se presentaron en el CNE al igual que los principales partidos de oposición. Allí las cámaras de los principales canales de televisión esperaban los resultados de dicho organismo.

Era tal la diferencia a favor del "no" que el CNE tuvo que aceptar los resultados y el ejército fue a confrontar a Hugo Chávez, quien no tuvo más remedio que aceptar su derrota pírrica según él, reconociendo solamente una pequeña diferencia de 51/49, sin que jamás se hayan publicado los resultados definitivos.

Las leyes que contenía esta reforma constitucional rechazada por el pueblo fueron después aprobadas por decretos.

Elecciones De Septiembre 2010

Para estas elecciones el CNE, por instrucciones de Hugo Chávez, **manipuló los "Circuitos Electorales"** de manera que en las zonas donde él consideraba que tenía más votos, puso la mayor cantidad de asambleístas.

Con sus máquinas Smartmatic y con votos "virtuales", más de 3 millones de personas que no existían o que habían muerto le garantizó un buen volumen de votos en estos municipios y el control de la Asamblea.

Hubo un 35% de abstención inconcebiblemente la mayor parte de la oposición no fue a ejercer su derecho.

Según las cifras oficiales, a pesar de todas las trampas y fraudes, **la oposición ganó con un 51,1 % de los votos, pero sacó únicamente 67 diputados, (40,61%).**

El partido PSUV, los comunistas y los votos virtuales, unidos con el 48,9 % de los votos, obtuvieron 98 diputados (60,39%). A pesar de todo esto, Hugo Chávez no logró las 2/3 partes necesarias para aprobar leyes orgánicas.

En vista de no haber obtenido las 2/3 partes de la Asamblea Nacional, el 18 de diciembre del 2010, **Hugo Chávez hizo que esta Asamblea Nacional, en una sesión extraordinaria le diera plenos poderes para gobernar por decreto por un período de año y medio, lo cual le fue otorgado.**

Con ayuda de la asamblea saliente, Hugo Chávez se las arregló para anular a la "democráticamente electa" nueva Asamblea Nacional a instalarse en enero del 2011, pues al no lograr el 66%, hubiera necesitado "pedir permiso" para aprobar sus leyes. Se aprobó entonces en tiempo récord, una gran cantidad de leyes que lo ayudaron en su proyecto totalitario.

Con esto Hugo Chávez continuó su carrera armamentística y compró tanquetas y ametralladoras, creando así un enorme ejército para amedrentar a los ciudadanos.

Elecciones Del 2012

En el año 2012 había que celebrarse elecciones presidenciales pues ya tocaban ese año por mandato constitucional. Estas elecciones fueron evitadas por Hugo Chávez a toda costa, pero presionado por diversos factores, las tuvo que aceptar. Así que, casi que obligado, el 7 de octubre de 2012, el mandatario se lanzó a la palestra electoral.

El *General Henry Rangel Silva* declaró que si la oposición ganaba las elecciones en el 2012, estas no serían respetadas por el ejército ya que éste *estaba "casado con la Revolución Bolivariana de Hugo Chávez".* Esto fue suficiente mérito para ser ascendido a General en Jefe de las Fuerzas Armadas venezolanas.

El candidato único de la oposición, *Henrique Capriles*, democráticamente elegido en primarias, candidato único contra Hugo Chávez, ganó las elecciones, pero el gobierno no reconoció los resultados. Henrique Capriles, **a pesar de que estaba en conocimiento del fraude cometido y sin haberse terminado de contar los votos, inexplicablemente aquel 7 de octubre, mal asesorado por integrantes de su campaña, declaró que había perdido las elecciones.**

En opinión del autor, jamás el opositor ha debido aceptar la derrota; él debió pedir el reconteo e impugnar las elecciones y morir con esa consigna para siempre. Con esto, aunque los sátrapas del CNE jamás habrían hecho caso a este reclamo, hubiera quedado claro ante la humanidad, nacional e internacionalmente, la verdad.

Se puede fácilmente imaginar el grave daño que se le causó a la nación con esta decisión, la destrucción que llevaba el país hasta entonces y que siguió llevando durante los siguientes años, se hubiesen podido evitar y más bien habrían sido años de progreso.

Hugo Chávez, en adición a la cuantiosa suma de dólares que le enviaba diariamente a Cuba, también absorbió la deuda de Argentina de los Kirchner por $12 mil millones,

A Pablo Iglesias, del partido Podemos en España, le mandó $220 millones y así mismo regaló cuantiosas sumas a:

**Ollanta Humala en Perú.

**Neil Zelaya en Honduras.

**Evo Morales en Bolivia.

**Lula da Silva en Brasil.

**Fernando Lugo en Paraguay.

**Gustavo Petro en Colombia.

**Movimiento Cinco Estrellas en Italia.

Y eso que se conozca…

En septiembre del 2013 Henrique Capriles, María Corina Machado, Leopoldo López y demás miembros de la Mesa de la Unidad Democrática (MUD), declararon abiertamente que los gobiernos de Hugo Chávez y Nicolás Maduro no eran dictaduras.

Si éstas no son dictaduras, tampoco lo fueron la de Marcos Pérez Jiménez ni la de Juan Vicente Gómez.

Marcos Pérez Jiménez hizo lo mismo que han hecho consuetudinariamente estos gobiernos del 2000, cambiar los resultados de las elecciones.

Juan Vicente Gómez hacía elecciones al final de cada uno de sus períodos, nombrando a amigos suyos como presidentes.

Nicolás Maduro

Chávez, estando gravemente enfermo de cáncer, en Cuba fue enviado por los Castro a nombrar como su sucesor a *Nicolás Maduro*. En diciembre del 2012 murió el mandatario, sin embargo, en enero del 2013, el gobierno declaró ausencia temporal y los chavistas nombraron al vicepresidente Maduro, como encargado de la presidencia. No fue sino hasta el 5 de marzo del 2013, cuando declararon oficialmente la muerte del mandatario fallecido meses atrás.

El 14 de abril del 2013, se hicieron las elecciones; el CNE declaró ganador a Nicolás Maduro, pero esta vez Henrique Capriles sí anunció que no reconocía los resultados y que había que abrir las cajas donde estaban contenidos los votos para contarlos manualmente. El CNE pidió un tiempo determinado para tomar una decisión y *después de varios meses, sus directivos declararon que habían decidido* **no** *hacer el conteo.*

Y la oposición no hizo nada, se quedó con los brazos cruzados...

Para El Año 2013

... (Ojo, los datos a continuación son tomados a ese año, hoy en día son incalculables).

Para el 2013, el gobierno había gastado más de 14 mil millones de dólares en compras de armamento de guerra.

Venezuela pasó a ser el importador número 15 del mundo de la posición número 46 que estaba, lo que según el Instituto Stockholm International Peac Research Institute (Sipri), es un aumento en sus importaciones del 555%, gracias en parte a acuerdos con Rusia.

El bolívar "fuerte" perdió 46,5% de su poder adquisitivo solo en 2013.

La inflación acumulada durante los 14 años de Chávez fue de 933%.

El gobierno para este año, tenía un latifundio mediático de 731 medios de comunicación.

9 millones de venezolanos estaban en situación de pobreza, y de ellos, en la Venezuela revolucionaria, más de 3 millones se acostaban a dormir en la noche con el estómago vacío.

En el Ministerio de Educación había 150 mil profesores en situación de contratados.

Desde 1999 hasta 2012, se fueron al exterior 7.000 médicos venezolanos y 9 mil científicos.

De cada 100 dólares que entraban al país, 94 provenían de las exportaciones petroleras de las cuales el 80% iban a USA, destino favorito: el IMPERIO, que paga de contado.

En Venezuela hay 300 especies de animales que están en amenaza de extinción.

La CTV Confederación de Trabajadores de Venezuela, informó que había más de 400 contratos colectivos vencidos en la administración pública.

Existían 1.000.000 de personas infectadas por el Mal de Chagas. Retornaron la malaria, el sarampión y otras enfermedades que antes se controlaban con vacunas.

Según la encuestadora "DATOS", el ingreso real de los estratos D y E de la población reflejaba una caída de 14% y de 13%.

La regaladera de dinero a otros países superaba los 60 mil millones de dólares.

El 97% de los delitos cometidos en el país quedaban impunes.

Las denuncias sobre intento de magnicidio pasaban de 50 Y DE NINGUNA SE HAN PODIDO PRESENTAR PRUEBAS.

El gobierno debía cerca de 12 mil millones de dólares por la estatización de empresas. Para el 2013 solo había cancelado el 7%

del total estatizado, sin posibilidades de que pagara el resto a sus legítimos propietarios.

En Venezuela el 70% de los jóvenes de la educación pública no se gradúan de bachiller y por déficit de profesores, no ven materias como química, física, matemáticas e inglés. Los estudiantes normalmente aprueban estas materias por promedio con las otras materias aprobadas.

En 1999 Venezuela importaba el 1% de su consumo de carne y para el 2013 importaba el 59%. El ganado nacional estaba en 16 millones cabezas; en 2012 el rebaño nacional estaba en 12 millones.

Venezuela, de ser un país con una historia exportadora de café de 230 años, cayó en los peores lugares. En el año 1998, Venezuela exportaba 388 mil quintales de café, ya en el 2009 llegamos a 0. En 2006, la producción de café registró un máximo de 1,57 millones de quintales; para el 2009 cayó a 850 mil quintales. Pasamos de ser exportadores de café a importadores con el 80% de la demanda que viene de Nicaragua, Brasil y El Salvador.

En el caso del café, el Instituto Nacional de Estadística (INE) señala que se compraron en el exterior 366.110 quintales de café, equivalentes a sacos de 46 kilos cada uno. Las importaciones del rubro en el primer semestre costaron más de 84,05 millones de dólares, un aumento de 18,35% con relación a 71,01 millones de dólares pagados en el primer semestre de 2011, por 371.884,64 quintales.

El Instituto Nacional de Estadística indicó que las importaciones de azúcar aumentaron 110,60% al pasar de 56,93 millones de dólares en el primer semestre de 2011 a 119,9 millones de dólares facturados en compras externas entre enero y junio del 2012.

El total de alimentos importados alcanzó ese año 2012 al 70%, es decir una economía de puertos.

Los apagones y cortes eléctricos programados mantenían a oscuras al 60% del territorio nacional. Desde enero del 2009 fue declarada la crisis eléctrica y habiendo pasado muchos años y seguimos en la misma crisis actualmente.

En la administración pública ocupaban cargos de alto nivel 2.200 militares y aproximadamente 3.000 más estaban en cargos medios y bajos.

En el país existían 15 millones de armas circulando sin ningún control.

En las cárceles del país (34 recintos penitenciarios) habían 12 mil camas y existían 45.000 reclusos. Los penales estaban para ese entonces y también hoy en día dirigidos por reclusos llamados PRANES. Estos controlan las armas de guerra, comida, agua, licores y drogas. 560 personas muertas y 1.457 heridas se registraron en las 34 prisiones durante 2011. Para 45.000 internos que había para ese año, esas 560 personas fallecidas representan 124,4 por cada 10.000 reclusos. Esto representó un hacinamiento de 275%. El 80% estaba en proceso (espera de una sentencia que dijera si era culpable o inocente) y el 20% estaban penados con una sentencia definitiva.

Fuera del sistema educativo se encontraban 4 millones de niños.

Estas cifras son escalofriantes, son números reales que todos los venezolanos y residentes en el país debemos conocer.

AÑO 2014
INICIO DE LAS MANIFESTACIONES Y LAS GUARIMBAS

El opositor, *Leopoldo López* convocó a una manifestación a nivel nacional para el 12 de febrero del 2014, por el Día de la Juventud; esta protesta se hizo especialmente en el interior del país, sobre todo en Mérida y Táchira donde dejó un saldo de 43 muertos, muchos heridos y centenares de detenidos.

El régimen culpó Leopoldo López de las 43 muertes y le dictó auto de detención. El 18 de febrero la oposición convocó nuevamente a una gran marcha donde Leopoldo López inocentemente se entregó y estuvo injustamente preso largos años…

Los descomunales gastos del aparato burocrático del gobierno y sus deudas eran impagables y éste, en vez de declararse en quiebra y ajustarse el cinturón, decidió someter al pueblo a un cruel y brutal desabastecimiento jamás visto en Venezuela, con la restricción del suministro de divisas para el comercio y la industria… Sin embargo, los del régimen continuaron enviándole 100 mil barriles de petróleo a Cuba totalmente gratis.

AÑO 2015
UNA ESPERANZA FALLIDA

En el año 2015 tocaba hacer las *elecciones parlamentarias*; el gobierno hizo toda clase de marramuncias y guaraleos para no hacerlas, pero finalmente se vio obligado en diciembre de ese año.

El régimen perdió descomunalmente estas elecciones y decidió hacer el fraude que tenían planeado cambiando los resultados, pero el ejército se opuso *alegando que no se iba a comprometer al ejército en ese gran fraude*, no quedando más remedio al ejecutivo que aceptar los resultados, dándole el triunfo a la oposición.

Sin embargo, el Tribunal Supremo de Justicia (TSJ), inhabilitó injustamente a varios diputados de la Asamblea, a fin de que ésta no tuviese las 2/3 partes y quitarle la mayoría absoluta. Rápidamente Nicolas Maduro nombró a dedo, con la Asamblea saliente, un nuevo Tribunal Supremo de Justicia.

Tuvimos, e Increíblemente se desperdició una oportunidad dorada: en un descuido de estos tramposos electorales tomamos la asamblea.

La Oposición ¿que hizo?, poner la gran torta, lo que está bien explicado a continuación.

Esta actitud deja mucho que pensar de la oposición.

La Asamblea Nacional electa por el pueblo se instaló y los nuevos asambleístas, en vez de **empezar calladitos a hacer y derogar leyes, protestar el nombramiento del nuevo Tribunal Supremo de Justicia, nombrar un nuevo Consejo Nacional Electoral y muy importante, convocar a una Asamblea Constituyente para elaborar una nueva constitución,** se dedicaron a otros menesteres.

Liderados por Ramos Allup hicieron una gran algarabía, una gran pantomima, un gran alarde, una gran estupidez, con grandes pompas y platillos comenzaron a sacar los retratos de Chávez del recinto, así como también uno en el cual se había desfigurado al Libertador Simón Bolívar.

Perdieron un tiempo precioso y entablaron una guerra psicológica contra el Ejecutivo.

El Tribunal Supremo de Justicia recién nombrado, empezó por declarar ilegales a todas las leyes que iban emanando de este congreso.

Ante este absurdo abuso, nada hizo la Asamblea Legislativa legítimamente elegida por el pueblo.

No nombraron Consejo Nacional Electoral. A última hora cuando se vencía el plazo, hicieron una convocatoria urgente para nombrarlo, pero no lograron el quórum necesario, dejando este importantísimo organismo en manos del gobierno.

Esto es inconcebible e inaceptable

En el **año 2016** se vencieron los lapsos para el pago del servicio de la deuda externa; lo primero que hicieron los del equipo de gobierno fue negociar con los chinos para pagar únicamente intereses, sin abonar al capital como estaba convenido. Los chinos accedieron a darle al régimen un período de gracia hasta 2018.

El Gobierno vendió Qué bueno eh mira amor cómo se lo digo y qué buena haciendo esto si lo digo me regaña le digo que voy haciendo esto me regaña una deuda de 4,2 billones de dólares que tenía República Dominicana con Venezuela, por la cantidad de 1,8 billones de dólares o sea menos de la mitad. Con el dinero recaudado y tomando las reservas del Banco Central, el gobierno salió provisionalmente del impase.

AÑO 2017

En este año continuó el desastre administrativo, no se llevaba contabilidad de las deudas del Banco Central, ni de PDVSA y ni siquiera se sabe actualmente a cuánto llegan las deudas públicas.

El gobierno pagó ese año $2.200 millones con parte del cargo a las reservas internacionales.

El gobierno tuvo un nuevo vencimiento de la cancelación de $3.500.000.000 en octubre del 2017, sin posibilidad alguna de pagarlo, ni siquiera los intereses.

Como el presupuesto de la nación no fue aprobado ese año por la Asamblea Nacional, todos los refinanciamientos eran prácticamente imposibles, pues estos serían ilegales.

Maduro y su equipo acudieron entonces a soluciones heroicas como dar concesiones de minas de oro a un consorcio canadiense y otras **negociaciones desconocidas** en situaciones sumamente desfavorables para Venezuela, pero con la condición de que pagaran una gran cantidad de dólares en efectivo.

AÑO 2018

A Venezuela se le vencieron 10.000 millones de dólares más (y en el año 2019 otros 25.000 millones de dólares,) lo cual definitivamente el gobierno no pudo pagar sin una refinanciación de la deuda, para lo cual necesitaba la aprobación de la Asamblea Nacional.

La Asamblea Nacional advirtió que "cualquier financiamiento al gobierno **debe ser revisado y aprobado por la Asamblea Nacional,** de lo contrario es nulo de toda nulidad, por lo que las empresas extranjeras decidieron pensarlo bien…

Para llevar a cabo su maquiavélico plan, a Maduro se le ocurrió la grandiosa idea de suspender a la Asamblea Nacional, **lo cual fue un golpe de estado a un organismo legítimamente electo.**

El régimen no tomó en cuenta que en esos momentos se encontraba reunida la Organización de Estados Americanos, convocada por su Secretario General Luis Almagro para considerar una severa sanción contra el régimen dictatorial de Venezuela.

Inmediatamente se pronunciaron diferentes actores de la vida nacional; primero fue la Fiscal General de la República, luego la Asamblea Nacional y después la población civil en general.

17 países del continente pidieron una reunión urgente del consejo de la Organización de Estados Americanos. **Como ha solido suceder en estos casos, los pequeños países del Caribe, comprados con los petrodólares de Petrocaribe, boicotearon la reunión y todo quedó en el aire.**

La oposición hizo un llamado a una manifestación pacífica para promover la disolución del Tribunal Supremo de Justicia por haber hecho éste una infracción a la Constitución.

Continuaron grandes manifestaciones después de la del 19 de abril de 2018, considerada como una de las más grandes jamás existidas en Venezuela. Estas protestas fueron reprimidas fuertemente por la

Guardia Nacional Bolivariana, la Policía Bolivariana, funcionarios cubanos y los autollamados "colectivos", una banda de forajidos armados por el régimen afectos al mismo.

Hubo una guerra civil entre dos bandos: uno armado y otro desarmado, el cual fue acribillado con un saldo de muchos muertos, heridos y detenidos. 37 muertos, más de 500 heridos y 1584 personas detenidas. Muchos policías no estaban de acuerdo con la represión, pero no te preocupes prevenir estaban ahí por su sueldo, pues los amenazaban cometerlos en la **tumba**, una cueva en los sótanos del **Sebin**, prisiones oscuras donde torturan a los detenidos.

En esos días se alzaron unos militares para tumbar el puente en Fuerte Tiuna, para que no pudieran salir las tanquetas. Lamentablemente fueron descubiertos y puestos presos; 3 militares pidieron asilo político en Colombia. Uno de ellos, José Alejandro Méndez Sánchez, denunció que había 60 oficiales detenidos y que se estaba gestando una insurrección militar en Venezuela.

El Parlamento Europeo se reunió para exigir al gobierno Venezolano, que presentara un calendario electoral con comicios libres y transparentes.

El gobierno, a través de Elías Jaua, convocó a un diálogo con la oposición para el lunes 8 de abril del 2017, a la que solamente asistió Omar Ávila, quien les puso las cuentas bien claras, entre otras cosas **dió cifras escalofriantes de que 3 millones de venezolanos se acostaban sin cenar y un tercio la población venezolana no comía proteínas.** Más de la mitad de los infantes estaban en estado de desnutrición y el 82% de los venezolanos se encontraban en estado de pobreza crítica… eres una

Se calcula que, durante ese año, cada 18 minutos murió un venezolano por homicidio ya que el número total de muertes fue de 25.000. A los Venezolanos, si no las matan de hambre, las mata la delincuencia.

AÑO 2019, *JUAN GUAIDÓ*

En este año surgió una nueva esperanza: *Juan Guaidó.*

El 5 de enero del 2019, la Asamblea Nacional legitima eligió a su nuevo presidente, de acuerdo con un pacto entre los principales partidos políticos de la oposición para turnarse la presidencia de la mencionada institución. Se designó al diputado ingeniero Juan Gerardo Guaidó Márquez.

Juan Gerardo Guaidó Márquez, un enérgico joven de 35 años, nacido en la Guaira el 28 de julio de 1983, quien se graduó como ingeniero industrial en la Universidad Católica Andrés Bello de Caracas, fue fundador del Consejo General de Representantes Estudiantiles (COGRES), en el cual participaría como representante de la facultad de ingeniería y como secretario general. Igualmente fue miembro de la Cátedra de Honor, del programa Liderazgo y Director del Centro de Estudiantes de Ingeniería. Después de ésto obtuvo dos títulos de postgrado en gerencia pública, uno de su alma máter (UCAB) en colaboración con la George Washington University y otro del Instituto de Estudios Superiores de Administración (IESA).

En cuanto a su carrera política podemos señalar que en el año 2007 formó parte del referéndum constitucional de Venezuela, al lado de personas como Juan Requesens, Miguel Pizarro, Yon Goicochea, Stalin González y Freddy Guevara.

Para el 2009, fundó junto a Leopoldo López el partido centro-progresista Voluntad Popular. Para las Elecciones Legislativas Nacionales de Venezuela de 2010, Juan Guaidó salió elegido diputado suplente de Bernardo Guerra durante el periodo entre 2011-2016, luego de 2 años, se presentó como precandidato a gobernador del Estado Vargas en las elecciones primarias de la Mesa de la Unidad Democrática de 2012.

Su principal propuesta para esta candidatura radicaba en desarrollar un tren elevado que conectara a la Guaira con Caracas.

Juan Guaidó perdió las elecciones con un total del 18% de los votos (5.148), frente al 61,1% de los votos (17.547) que obtuvo José Manuel Olivares.

Juan Gerardo Guaidó Márquez, Presidente de la Asamblea Nacional, se declaró Presidente interino de Venezuela el 23 de enero del 2019, alegando que la constitución justificaba su acción porque la elección fraudulenta de Nicolás Maduro en 2018 había dejado al país sin un presidente, por ausencia absoluta del mismo.

El presidente de Estados Unidos de Norteamérica de por entonces, señor Donald Trump, desconoció el gobierno de Maduro y reconoció de inmediato a Juan Guaidó como Presidente Constitucional de Venezuela. También reconoció a la Asamblea Nacional legítima e incitó a los demás países a hacer lo mismo.

Varias naciones del continente americano reconocieron a Juan Guaidó como presidente, así como luego varios países de la comunidad europea.

Con motivo del reconocimiento a Juan Guaidó como presidente interino de la República Bolivariana de Venezuela por parte del presidente norteamericano, Sr Donald Trump, el gobierno oficialista de Venezuela encabezado por Maduro rompió relaciones con el gobierno estadounidense, dando un plazo de 72 horas para que todo el personal relacionado con el gobierno norteamericano abandonara las tierras venezolanas.

Donald Trump a su vez rompió relaciones diplomáticas con Venezuela, retiró a su embajador y al personal de la embajada y procedió a organizar una gran caravana de ayuda humanitaria para Venezuela.

El 23 de febrero de 2019, el Presidente Juan Guaidó se organizó en Cúcuta con el apoyo de una importante cantidad de países para ingresar a Venezuela un gran lote de ayuda humanitaria que varios países a nivel mundial habían enviado. **Juan Guaidó manifestó que entraría sí o sí.**

Un apoyo masivo de varios países, especialmente de los Estados Unidos con el presidente Donald Trump a la cabeza, preparándose estratégicamente para defender la ayuda humanitaria, la cual entraría pacíficamente, pero en el caso que fuesen agredidos por la dictadura en el poder, actuarían militarmente en apoyo a los venezolanos.

Muy lamentablemente, el presidente Juan Guaidó declinó aceptar la ayuda militar foránea, con el muy lamentable mal resultado de que la ayuda humanitaria fue rechazada por la Guardia Nacional y todos los forajidos del gobierno, incendiando completamente toda la asistencia internacional que iba a entrar, valorada en varios millones de dólares.

De ahí en adelante, lo que han habido son manifestaciones tras manifestaciones, sin ningún resultado, fuertemente repelidas por la dictadura, con gran cantidad de heridos y muertos.

La situación se hizo sumamente difícil. El gobierno no se ha podido mantener económicamente.

Pareciera que una solución fuese hacer unas elecciones generales, pero para hacerlas habría que **cambiar previamente el Consejo Nacional Electoral y muy importante, depurar los registros electorales**, lo cual no es factible sin un cambio de gobierno. No podría entregar el poder pues de Maduro para abajo, todos irían presos por todas sus fechorías cometidas.

Por otro lado, **una intervención militar extranjera** podría ser una solución que saque del poder a estos malhechores del gobierno y convoque a nuevas elecciones, pero esto se tropieza con una mayor dificultad por cuanto **la oposición venezolana es la primera en estar en contra de esta opción.**

El ejército cuenta con aproximadamente 200.000 efectivos de los cuales 1.200 son generales; es muy difícil pensar que todos estén involucrados en la corrupción y el narcotráfico. También se encuentra un ejército cubano de aproximadamente 20,000 efectivos, así como ejércitos iraníes del Hezbollah, ejércitos rebeldes colombianos, etc.

No entiendo que los militares venezolanos, que además de ser militares son seres humanos que tienen su familia, hijos, hermanos y amigos que están padeciendo las penurias de esta locura, se mantengan impertérritos ante esta situación.

La Oposición

Para mí, la madre de todos los males de Venezuela es la oposición.

Nos han hecho ver que ellos nos salvarían, nada han hecho por nosotros, no han hecho absolutamente nada.

Después de Puente Llaguno, donde asesinaron vilmente a muchos venezolanos inocentes que venían marchando pacíficamente, la oposición no hizo nada. Los asesinos de Puente Llaguno fueron condecorados como héroes y muchos venezolanos inocentes fueron a la cárcel... y ¿La oposición? Nada pasó.

Inocentes corderitos, nos cansamos de marchar y a dar "cacerolazos" a la voz de nuestros dirigentes, la oposición, y nada pasó.

En el 2002, cuando el revocatorio se recogieron tres veces las firmas para llevarla a cabo, como corderitos fuimos todos a firmar.

Se llevó a cabo el revocatorio, personalmente estuve yo contando votos en Súmate y fue revocado con el 70% de los votos.

A las 4:00 de la mañana, Carrasquero anunció que ellos habían ganado al revés 70/30. Nadie dijo nada.

¿Dónde están nuestros líderes? ¿que hicieron? ¿Qué hicieron? ¿Dónde ha estado Enrique Mendoza? ¿Dónde ha estado Jorge Olavarría? ¿Dónde están todos los que me hicieron marchar?

¿Qué paso?

Juan Gerardo Guaidó se proclama presidente de La República Bolivariana de Venezuela, con todos sus poderes establecidos. El presidente de la República Bolivariana de Venezuela dirige el poder ejecutivo nacional de Venezuela y es comandante en jefe de la fuerza armada nacional bolivariana.

Fue reconocido por el presidente de los Estados Unidos Donald Trump y además forzó a 48 países que lo reconocieran.

Siendo presidente con todos los poderes que otorga la ley no hace absolutamente nada, no nombra ministros, ni nombra embajadores ni cónsules en ningún país.

Juan Guaidó fue recibido por el presidente Donald Trump en distintas oportunidades, no solamente a él, sino también a su Esposa. **El presidente Donald Trump salió a la puerta de la Casa Blanca a recibirlo.**

Ha podido formar un gobierno paralelo con todo su gran equipo e inclusive empezar a emitir pasaportes para todas las personas fuera de Venezuela, cosa que era posible porque había sido aceptado por todos estos países que lo reconocieron, pero no hizo absolutamente nada.

Se planeó entrar a Venezuela con la ayuda humanitaria por el occidente del país y planea la gran entrada.

Juan Guaidó dice que entra: sí o sí.

Estados Unidos envió varios millones de dólares en ayuda humanitaria y movió la armada americana hacia las Islas Holandesas y Puerto Rico.

Pusieron trasatlánticos portaviones muy cerca de la costa venezolana está listos para apoyarlo a entrar.

Se preparó un gran ejército con la ayuda de Brasil y Colombia en la frontera.

Juan Guiado dijo que entraba si o si, pacíficamente y elaboró un gran plan estúpido que falla estruendosamente, "**no aceptó la intervención armada**" y la ayuda humanitaria se perdió toda y con esta toda la esperanza de muchos.

Así pasan los años sin hacer nada, el país cayéndose a pedazos, y la gente pobre muriéndose de hambre yéndose vertiginosamente.

Mientras todos los del gobierno y los de la oposición viven perfectamente bien el pueblo está muriéndose de hambre.

Somos el país más pobre del mundo después de haber sido el más rico del mundo en los años 50

El presidente Trump congeló todos los bienes de PDVSA en los Estados Unidos y los puso a disposición del presidente Juan Guaidó y éste se quedó y se queda durmiendo en los laureles sin hacer absolutamente nada

La Reunión De Quito

Es realmente una vergüenza para los 13 países latinoamericanos que, tras una larga reunión, se termine pidiéndole al gobierno de Venezuela que tenga más compasión y qué acepte la ayuda humanitaria.

Esto es realmente una deshonra, ya que estas naciones no tuvieron el valor de unirse para proceder a una intervención armada conjunta. **Lo mínimo que podrían haber hecho es haber acordado romper relaciones diplomáticas en bloque contra el dictador de Venezuela.**

Nuestra Venezuela siempre fue un país tradicionalmente receptor de inmigrantes. Hoy tristemente los venezolanos venimos emigrando y huyendo, no solamente de las persecuciones políticas sino, sobre todo, de una gran inseguridad personal, económica y social.

Desde la Primera República, en Venezuela predominó la mala administración, el despilfarro, el peculado y el desorden.

A partir de 1958, empezó el deterioro moral, político, económico y mental del venezolano. En 1999, comenzó la destrucción de la economía privada y de la infraestructura de nuestras industrias básicas por falta de mantenimiento.

Hoy en día, en la represa del Guri, las turbinas se encuentran oxidadas e inservibles.

A las petroleras no les dan mantenimiento a los pozos; en la actualidad la producción petrolera está por debajo de 650.000 barriles diarios, cuando en 1958 producíamos 2,7 millones de barriles.

La refinería "El Palito" se encuentra totalmente oxidada.

A la expropiada Electricidad de Caracas no se le da mantenimiento a su infraestructura, teniendo como consecuencia frecuentes apagones a nivel nacional.

El General Gómez pagó la deuda pública, Pérez Jiménez dejó un superávit de 2.000 millones de dólares, los adeco-copeyanos nos endeudaron por miles de millones de dólares y en lo que va del gobierno chavista-madurista, la deuda se ha elevado a una monstruosa suma que ni siquiera se sabe cuánto es.

La democracia es mucho más que elecciones y electoralismo. La democracia tiene componentes políticos, económicos, sociales, humanos y de libertades.

El ingrediente fundamental de una democracia es la separación de los poderes: legislativo, ejecutivo y judicial. La concentración de poderes conlleva a la autocracia, la división de poderes lleva a la libertad.

En la primera constitución del planeta, la de Estados Unidos de 1787, se consagró la división de poderes. Esto fue acogido por casi todos los países.

La mayor parte de la gente confunde *democracia* con un *gobierno civil*. Nada tiene que ver una cosa con la otra. Un gobierno civil puede ser dictatorial. En las 4 décadas de los gobiernos adeco-copeyanos, las garantías constitucionales estuvieron suspendidas y se cometieron toda clase de abusos y violaciones a la constitución; hubo persecuciones políticas y la mayor parte de las libertades estaban y aún están restringidas.

Desde comienzos de nuestra historia, comenzando con el descubrimiento y la colonización, pasando por la guerra de independencia, el caudillismo, dictaduras declaradas o disfrazadas de gobiernos "demócratas", líderes inescrupulosos han arruinado un país inmensamente bello, rico, con tierras fértiles (la mayor parte baldías). Producíamos y exportamos cemento, hierro, aluminio, oro, bauxita, uranio, cerámicas y piezas sanitarias para los baños y cocinas, etc. y hasta electricidad en Guyana. Ahora se puede considerar que Venezuela es uno de los países más pobres del mundo.

Teníamos una industria farmacéutica poderosa, ensambladoras de carros, procesadoras de alimentos poderosas...

Es una incongruencia que hay 55 países que reconocen a Guaidó, pero mantienen relaciones con Maduro.

La Actualidad

Desde el año 2020, el desastre, el desabastecimiento es total en Venezuela; no hay gasolina, por consecuencia los alimentos no llegan a ninguna parte, no hay nada.

Ese año llega la pandemia del coronavirus, esto crea un fresco y una excusa a los desalmados del régimen para encerrar a todo el mundo y economizar gasolina.

Traen 5 buques cargados de gasolina desde Irán, los cuales sorpresivamente sí llegan e izan la bandera de Irán en las torres del Centro Simón Bolívar, como salvadores de la Patria... La dictadura transfiere $500,000,000 en oro al gobierno teocrático de Irán.

DIRECTV decide suspender las televisoras oficiales de su programación, el gobierno en represalia le prohíbe su salida al aire.

La oposición rápidamente decide, ante toda esta tragedia de desabastecimiento y miseria, empezar a recolectar firmas para que por lo menos reabran DIRECTV. La compañía de DIRECTV por cable fue expropiada por el gobierno y reabre bajo el nombre de Simple TV.

LA BARBARIE DEL SOCIALISMO DEL SIGLO XXI
Lista de empresas destruidas en 20 años de revolución:

PDVSA
SIDOR
ALCASA
VENALUM FERROMINERA
ORINOCO IRON
BAUXILUM
EDELCA
CARBONORCA
MINERVEN

INTERALUMINA
SIDETUR
CVG
ALUNASA
HIERRO COJEDES
GANGA HIERROS
PEQUIVEN
VENOCO
CORPOELECT
ELECTRICIDAD DE CARACAS
ELECTRICIDAD DE VALENCIA
CANTV
METRO DE CARACAS
VENCEMOS
CEMENTO ANDINO
CEMEX HOLCIM
CEMENTOS GUAYANA
OWENS ILLINOIS
PULPACA
CONFERRY
PULPACA
PAPELES MARACAY
CONVEPAL
CONVIASA
ÉXITO
CADA
FRIOSA
MOTASA VALENCIA
AGROISLEÑA
AGRO LEON
AGROBUEICA

ALCONCA
SUPLIMACA VALENCIA
LACTEOS LOS ANDES
FAMA DE AMERICA
LACTEOS Y CARNICOS SAN SIMON
ALGORINCA
HATO LA VERGAREÑA
HACIENDA LA BOLIVAR
HATO EL TORETE
HATO LAS CAROLINAS
HATO EL CEDRAL
SANITARIOS MARACAY
KIMBERLY CLARK
KELLOGG'S
JOHNSON&JOHNSON
COLGATE-PALMOLIVE PROCTER&GAMBLE
PLUMROSE
CENTRALES AZUCAREROS
PIRELLI
GOODYEAR
FIRESTONE
DANAVEN
MITSUBISHI
GENERAL ELECTRIC
GENERAL MOTORS
TOYOTA
CHRYSLER
RENAULT MOTORS
BANFOANDES
BANORTE
CONFEDERADO

BOLÍVAR BANCO
BANPRO
BANINVEST
BANCO REAL
BANCANARIAS
BANCO FEDERAL
BANCO INDUSTRIAL
BANCO DEL PUEBLO
BANCO DE LA MUJER
SEGUROS LA PREVISORA
LAFARGE
ARS PUBLICIDAD
GRUPO 1BC
RCTV
4.000 franquicias de todo tipo quebradas.
1.359 empresas estatizadas por expropiación y confiscación y hola en
este momentoninguna funciona.

¡24 años! De esta terrible y asesina dictadura ¿Cuántos años
más vamos a tener que esperar para que la oposición deje de seguir
jugando al "pico pico"?

Primero nos engañó Jorge Olavarría, luego Enrique Mendoza y
siguieron viniendo y viniendo. Después Enrique Capriles se rindió
después que él había ganado. Lo siguió Leopoldo López y ahora Juan
Guaidó, todos soñando con una ilusión de tumbar esta dictadura
por las buenas, soñando con ser Walesa o Gandhi, mientras los
venezolanos mueren de inanición y por falta de medicinas.

Díganme ustedes, ¿Se podrá contabilizar la cantidad de muertos
que han habido en esta desgracia? ¿La cantidad de venezolanos que
han tenido que salir al exterior? La miseria en que viven todos los
venezolanos es inmensa.

Todo esto sucede mientras la oposición vive bien, hablando paja y soñando con "pajaritos preñados".

¿Porque Juan Guaidó no reconoce públicamente que su único y verdadero aliado son los Estados Unidos? ¿Le da miedo reconocer eso porque lo van a tildar de que está vendido al imperialismo?

El expresidente de los Estados Unidos, señor Donald Trump, congeló todos los bienes de CITCO y todos los activos de Venezuela en Estados Unidos en favor del Presidente de Venezuela Juan Guaidó y de la Asamblea Nacional legítima.

Sin embargo, ninguno de los dos ha hecho uso de absolutamente nada de estas ventajas que les han ofrecido el gobierno de los Estados Unidos de América. El "Gobierno Interino" tampoco nombró a un gabinete de ministros ni representantes de Venezuela en el exterior, o sea, ni consulados, embajadas, etc.

Han podido, como pedían muchos venezolanos, abrir consulados y empezar a expedir pasaportes, con lo cual también se harían de algún beneficio económico y le resolverían el problema a una gran cantidad de venezolanos, toda vez que esta Asamblea y este gobierno estaban reconocidos por 55 países, que hubieran aceptado estos documentos.

La Eventual Recuperación

Lo primero que habría que hacer es salirse de este ignominioso gobierno que, mientras el pueblo se muere de hambre, sigue robando y enviándole petróleo a Cuba.

Desde que el mundo es mundo hay solo dos dictaduras que han salido a través de elecciones: la de *Porfirio Díaz* en México y la de *Augusto Pinochet* en Chile y ambas eran dictaduras de derecha.

Las dictaduras de izquierda no salen sino por las armas.

Venezuela está totalmente devastada, como si hubieran pasado por el país las 7 plagas de Egipto y una guerra mundial juntas, pues no solamente el país está destruido económicamente, sino también su gente y su aparato productivo.

Hay que conocer la historia para no cometer los mismos errores, como por ejemplo, en Nicaragua sacaron a los sandinistas, pero los dejaron seguir con las reglas democrático, en nuevas elecciones estos volvieron a ganar y no siguieron las reglas democráticas, perpetuándose en el poder para siempre...

Asimismo, hay que mirarse en el espejo de Argentina, un país del primer mundo en los años 50, el más poderoso de toda América Latina. La destruyeron totalmente, sacaron a su inepto gobernante Juan Domingo Perón, pero quedaron los peronistas qué, 60 años después, todavía no dejan que el país salga adelante, igualmente en Bolivia con Evo Morales. Es incomprensible que, en Colombia se haya elegido a un forajido como Petro presidente de la República.

Hay un refrán que dice que no podemos discutir o dialogar con un estúpido, porque nos lleva a su nivel y ahí nos gana por experiencia.

No se le puede permitir estar en democracia a quienes no creen en ello.

El primer paso para la recuperación de Venezuela es declarar un estado de emergencia total.

Hay que empezar por expulsar a todo el ejército cubano invasor.

Es muy importante: sacar a todos los cubanos, chinos e iraníes que están especialmente en identificación, registros públicos y demás departamentos gubernamentales, así como las fuerzas armadas y botarlos del país.

Hay que cortar en pedazos el cable submarino que nos une a Cuba.

Sustituir a todos los miembros del Consejo Nacional Electoral y del Tribunal Supremo de Justicia por nuevos e idóneos e independientes.

Incendiar todos los registros electorales actuales y hacer un nuevo registro electoral con partida de nacimiento y **no** con cédula identidad.

Se deben nombrar personas "ad hoc" en todos los consulados del mundo, para registrar los votos del exterior.

Supervisión de las elecciones con representantes extranjeros y con la participación especial, de al menos Estados Unidos.

La recuperación es muy difícil, pero no imposible; recuerden ustedes que, en Alemania, después de la 2da guerra mundial, no quedó piedra sobre piedra y con la ayuda del *Plan Marshall* de los Estados Unidos, las medidas que se tomaron conjuntamente y con mucha voluntad, se hizo lo que se llamó el *"Milagro Alemán"*. Los habitantes de ese país lo convirtieron, en poco tiempo, en una potencia; **todo esto sin los recursos naturales que posee Venezuela.**

Hay que crear un gran campo de seguridad total, personal, jurídica y económica para hacer que toda la enorme masa de capitales que huyeron de Venezuela desde 1958 hasta la fecha, regresen.

Los norteamericanos recuerdan los felices años 50, a pesar de que la guerra mundial terminó el 45. Fue en 1952 cuando llegó Eisenhower y dijo *"Free for All"*, *(Libertad para todo)* eliminó todas las regulaciones y trabas que tenía el país, empezando por eliminar ministerios y departamentos del gobierno completos. Paralelo a esto creó un gigantesco plan de obras públicas para absorber esa mano de obra.

Cuando Pérez Jiménez había 8 ministerios y el país funcionaba perfectamente bien, ahora se desconoce su número, pero hay como 30 y ninguno sirve para nada.

Hay que despedir a la totalidad de los empleados públicos, y seguirles pagando su sueldo hasta que consigan trabajo, por un máximo de tres meses.

También hay que pedir una ayuda humanitaria a todo el mundo para que nos manden medicinas y alimentos y muy especialmente para estimular a todos los venezolanos en el exterior a que, con sus conocimientos, experiencias y capitales, ayuden a recuperar a Venezuela.

Hay que derogar todos los decretos y leyes aprobados a partir de enero de 1958. No faltará quien diga que no todos son malos, pero en ese caso, los buenos se estudiarían y se volverían a decretar.

Hay que nombrar un primer ministro de economía qué encauce esta recuperación; hay que devolver todas las industrias, empresas, comercios, haciendas, etc. que fueron expropiadas a sus legítimos dueños.

Privatizar absolutamente todo, incluyendo nuestras industrias básicas. Esto generará una buena cantidad de efectivo tan necesitado en estos momentos e incentivará la inversión extranjera y el retorno de los capitales venezolanos en el exterior.

Hay que renegociar la deuda pública, lo cual sería posible si nos hemos salido de este desquiciado gobierno.

Iniciar un vasto plan de obras públicas, empezando por el mantenimiento de nuestras industrias básicas, como la petrolera, la petroquímica, la represa del Guri, la reforestación de la cuenca del Caroní, desalojando previamente a los iraníes que están ahí.

Eliminar la mayor parte de los impuestos, empezando por el IVA y a todas las *nuevas* construcciones, industrias, comercios etc.

A la gran mayoría de los venezolanos no le gusta la inversión en bonos, ni acciones, sus ahorros les gusta tenerlos en bienes inmuebles, apartamentos, casas, edificios etc., por lo que es necesario hacer un nuevo plan urbanístico a nivel nacional estableciendo nuevas normas de construcción, eliminando todas las restricciones a las construcciones, las ingenierías municipales, las oficinas municipales de planeamiento urbano.

Hay que permitir un buen uso de la tierra para incentivar la edificación de viviendas y comercios y restablecer nuevamente los bancos hipotecarios, las Entidades de Ahorro y Préstamo y subsidios para la edificación de nuevas viviendas. Esto activaría la industria de la construcción, lo cual es un gran motor de creación de empleos y bienestar económico y social.

También es necesario establecer préstamos a la pequeña y mediana industria, agrícolas y pecuarios de toda clase a fin de recuperar esta industria nuevamente, vital para nuestra economía.

Todo lo propuesto es sumamente importante para atraer el regreso de los capitales venezolanos en el exterior.

Hay que olvidarse de los egoísmos, nacionalismos y envidias y empezar a trabajar todos juntos por una Venezuela nueva.

Guillermo Capriles-Meaño

Postdata

Mi papá fue al consultorio del Dr. Valencia Parpasen y después de una tanda de exámenes grandísima, el médico le informó:

"Usted tiene una enfermedad incurable".

Mi papá sorprendido le preguntó: "¿Cómo es eso?"

Y él le contestó: "Porque los remedios que le voy a prescribir para su enfermedad son:

1ro. Ud. se divorcia.

2do. Se separa de sus hijos.

3ro. Cierra la oficina y su negocio.

4to. Consigue una jovencita bien bonita y agradable y se va para Europa a vivir allá.

Pero como usted no va a hacer ninguna de esas 4 cosas, usted es incurable".

¿Se podrá curar Venezuela?

Sobre el Autor

Guillermo Capriles Meaño nació en Caracas, Venezuela, en 1934. Estudió primaria y secundaria en el Colegio La Salle en La Pastora, Caracas. Obtuvo el título de Ingeniero Civil en la Universidad Central de Venezuela en el año 1960.

En los años siguientes hizo cursos sobre Sismología y Promoción y Venta de Inmuebles en Propiedad Horizontal en el Colegio de Ingenieros de Venezuela.

Se graduó de Piloto Privado para aviones multi-motores en 1967.

Construyó y promovió la venta de varios edificios en la ciudad de Caracas al tiempo que fue Gerente de varias compañías, tales como: Administradora Metropolitana C.A., Constructora Lesprica, Corporación Caprime, CA Lumarca, Inversiones Jadoca, Servicios Técnicos STR y Construcciones Palma Dorada.

Fue Director de "Industrial Embotelladora de Bebidas (7Up)" y de la Asociación Nacional de Administradores de inmuebles ANAI.

En el 2015, se graduó de "Sales Associate" (Realtor) en Miami, USA.

Desde temprana edad, escribió artículos para la prestigiosa columna "El Correo del Pueblo" del Diario El Universal de Caracas.

Su primer libro: "Anécdotas y Enseñanzas de Pipo Capriles" quien fue su padre, fue dedicado a su familia, para brindarles el aprendizaje obtenido en cada una de sus geniales historias a través de sus experiencias vividas con él.

El éxito de este primer libro lo motivó a escribir un segundo libro: *"La verdadera y breve historia de Venezuela"*. Luego una versión ampliada de éste: *"Venezuela, su verdadera y breve historia"*. Y ahora publica la realidad actual, titulado esta vez como: *"Venezuela, su destrucción y su eventual recuperación"*.

Actualmente es asesor de Inversiones de Compra y Venta de acciones en La Bolsa de NY.

Se dedica a escribir en su tiempo libre, sobre su familia y su querida Venezuela. Vive actualmente la ciudad de Doral, Florida, Estados Unidos.

Printed in the United States
by Baker & Taylor Publisher Services

Printed in the United States
by Baker & Taylor Publisher Services